Unglaubliche Geschichten

aus dem Tierreich

Zeichnungen: Jan Gulbransson

Dr. Mario Ludwig

Unglaubliche Geschichten aus dem Tierreich

blv

Einleitung

»Der Fittere überlebt«, heißt das erbarmungslose Motto in der Natur. Fressen und nicht selbst gefressen zu werden, sich erfolgreich fortzupflanzen und die eigenen Gene weiterzugeben – das ist es, worauf es im Tierreich hauptsächlich ankommt.

Aber der Kampf ums Überleben wird nicht immer mit Zähnen oder Klauen geführt, oft gewinnt eine Art den täglichen Daseinskampf mit wesentlich subtileren Methoden. Sich raffiniert zu tarnen, Konkurrenten zu täuschen oder in die Irre zu führen, neue, erfolgreiche Jagdmethoden zu entwickeln, besser an die herrschenden Umweltbedingungen angepasst zu sein als die Konkurrenz – das sind in Wirklichkeit die Strategien und Fähigkeiten mit denen es einer Tierart gelingt, im Überlebenskampf die entscheidende Nasen- bzw. Schnabelspitze vorn zu sein.

Um erfolgreich Beute zu machen, gehen einige Tierarten daher oft ungewöhnliche, aber äußerst erfolgreiche Wege. Da gibt es Wespen, die ihre bemitleidenswerten Opfer einer gezielten und mit unglaublicher chirurgischer Präzision durchgeführten Gehirnwäsche unterziehen, Bolaspinnen dagegen setzen ihre Spinnfäden beim Beutefang in einer Art und Weise ein, die sogar den Vater aller Cowboys, den legendären amerikanischen Schauspieler John Wayne, vor Neid erblassen lassen würde. Auch der winzige Pistolenkrebs setzt bei Beutefang auf Wildwestmethoden und erlegt seine Opfer mit einer laut knallenden »Pistolenschere«. Schützenfische wiederum erweisen sich als Scharfschützen der besonderen Art und schießen ihre Opfer mit Hilfe eines scharfen Wasserstrahls äußerst zielsicher vom Ast eines Baumes.

Auch die Verteidigungsstrategien haben es in sich. Viele Tiere haben sich nicht nur raffinierte, sondern oft auch äußerst ungewöhnliche Defensivtricks einfallen lassen: So heizen nordamerikanische Erdhörnchen ihren Schwanz auf, um gefräßige Klapperschlangen abzuschrecken, Vampirtintenfische verteidigen sich durch das Abfeuern von Leuchtkugeln, und Bombardierkäfer vertrauen bei der Feindabwehr – nomen est omen – ihrer körpereigenen Artillerie.
Am besten ist es jedoch oft, wenn man von seinen Feinden gar nicht erst wahrgenommen wird. So imitieren manche Gespenstschrecken, aber auch Fische nicht allein durch ihr Äußeres, sondern auch durch ein angepasstes Verhalten unterschiedliche Laubblätter. Die Raupen des Schwalbenschwanzes dagegen tarnen sich auf eine eher unappetitliche Weise vor ihren Fressfeinden: Sie verkleiden sich als Kothäufchen.
Wer es nicht unauffällig mag, der setzt vielleicht auf schrille Töne. Viele harmlose Tiere imitieren Gifttiere, um nicht verspeist zu werden. Superstar unter den Imitatoren ist der Mimic-Oktopus, der durch Farb- und Formveränderungen gleich ein halbes Dutzend verschiedene gefährliche Meerestiere nachahmen kann.
In Sachen Sex sind es die Tiermännchen, die geradezu unglaubliche Strategien entwickelt haben, um dafür zu sorgen, dass das eigene Erbgut weitergegeben wird und nicht das eines Konkurrenten: So versuchen die Männchen der amerikanischen Springspinnenart *Habronattus dossenus* ihre Angebetete mit einem Stepptanz zu verführen, und Winkerkrabben setzen auf das »Statussymbol« Schere, um bei den Damen Eindruck zu schinden. Rotrückensalamander wiederum präsentieren ein Kothäufchen, um die Damenwelt von ihrer Leistungsfähigkeit zu überzeugen. Körperlich eher zu kurz gekommene männliche Exemplare einer Tintenfischart verklei-

den sich gar als Weibchen, um muskelbepackte Rivalen bei den Damen auszustechen, während die Männchen der Hausstaubmilbe nicht davor zurückschrecken, sich ihre Weibchen durch Verabreichung von K.-o.-Tropfen gefügig zu machen.
Auch in Sachen Kommunikation gibt es neue Erkenntnisse zu vermelden: So wurden nicht nur Liebeslieder singende Fische entdeckt und Wale, die sich mit einer Art Geheimsprache über eine Entfernung von mehr als 1000 km verständigen, man hat auch herausgefunden, dass Heringe kommunizieren, indem sie gezielt Luft aus ihrer Schwimmblase in den Analtrakt pumpen und dadurch pulsierende Töne erzeugen – einfacher ausgedrückt: Sie unterhalten sich mittels kräftiger und lang anhaltender Fürze.
Gerade die neuesten Erkenntnisse aus der Tierforschung sind es, die ein faszinierendes, aber auch oft verblüffendes Bild der Tierwelt zeichnen: Wer hätte beispielsweise gedacht, dass sich Mauersegler mit Hilfe von Liegestützen fit fürs (Flug-)Leben machen, und dass ausgerechnet die gefürchteten Vampirfledermäuse als einzige Tierart so sozial eingestellt sind, dass sie notleidenden Artgenossen Blut spenden?
Von solchen und anderen Tricks und Strategien der Tiere im täglichen Überlebenskampf berichtet dieses Buch – denn nichts ist spannender als die Natur selbst.

ABC-SCHÜLER

Mit einem Tageshonorar von 880 US-Dollar gehört das Vietnamesische Hängebauchschwein Nelly sicherlich zu den Besserverdienern unter den Tieren. Nelly – ein offensichtlich sehr lernfreudiges Tier – verdient sich diese fürstliche Gage auf Geburtstagsfesten und Firmenjubiläen nicht nur durch ihr, dem Vernehmen nach virtuoses Klavierspiel, sondern vor allem dank ihrer außergewöhnlichen Fähigkeit, buchstabieren zu können. Auf Befehl seines Frauchens, einer pensionierten Lehrerin, sucht das englischsprachige Schwein nämlich aus einem Berg von Plastik-Buchstaben die richtigen heraus, um sie auch in der korrekten Reihenfolge zu dem Wort »pig« (Schwein) zusammenzufügen. Warum Nelly jedoch auch gelernt hat, das für sie äußerst gefährliche Wort »ham« (Schinken) zu buchstabieren, wird wohl immer ihr Geheimnis bleiben.

ACKERBAU

Die tropischen Blattschneiderameisen haben sich ganz dem Ackerbau verschrieben, denn die in Kolonien lebenden kleinen Krabbeltiere legen in ihren Bauten regelrechte Pilzfarmen an, die sie ständig hegen und pflegen. Zur Düngung schneiden die Arbeiterinnen mit ihren kräftigen Mundwerkzeugen zunächst Blätter in kleine Stücke, die sie anschließend in ihren Bau schleppen und zerkaut als Kompost zur Zucht einer bestimmten Pilzart verwenden, von der sich die kleinen Farmarbeiter fast ausschließlich ernähren. Die Bauten der Blattschneiderameisen, in denen bis zu 2 Millionen Tiere leben,

können dabei ein Volumen von über 20 m^3 erreichen, wobei die Pilzkulturen in speziellen, oft meterlangen Pilzkammern mit konstantem Klima angelegt werden. Bei ihren menschlichen Pflanzer-Kollegen sind Blattschneiderameisen äußerst ungern gesehen, da die Tiere oft innerhalb weniger Stunden ganze Bäume entlauben, um ihren enormen Bedarf an »Düngemittel« zu decken.

AMEISENBAD

Was bei einem Menschen Horrorvorstellungen auslöst, ist für Eichelhäher und einige andere Vogelarten ein wahres Vergnügen: das Bad in einem Ameisenhaufen. Diese seltsame Vorliebe, die von Ornithologen als »einemsen« bezeichnet wird, ist ein Akt der Körperhygiene: Mit der von den über

den gefiederten Störenfried verärgerten Ameisen verspritzten ätzenden Ameisensäure sollen quälende Gefieder- und Hautparasiten wie Flöhe, Läuse oder Milben wirkungsvoll bekämpft werden. Offensichtlich haben die von den gereizten Insekten versprühten Sekrete auch noch eine gefiederpflegende sowie bakterizide und fungizide Funktion. Ein Ameisenbad ist eben eine hygienische Maßnahme der besonderen Art.

ANHALTER

Bei Tauchern wohlbekannt sind sogenannte Schiffshalter, zur Familie der Barsche gehörige Meeresfische, die sich mit Hilfe ihrer zu einer Saugscheibe umgebildeten Rückenflosse an Großfische wie z. B. Haie oder Rochen, aber auch an Meeressäuger anheften, um sich so mitnehmen zu lassen. Ab und

an versuchen Schiffshalter sogar, an einen Taucher anzudocken. Die Schiffshalter genießen dabei nicht nur den Schutz des größeren Tieres, sondern haben zudem die Möglichkeit, an seinen Mahlzeiten zu partizipieren. Als Gegenleistung betätigen sich die angedockten Fische als sogenannte Putzer und befreien ihr »lebendes Transportmittel« von lästigen Parasiten aller Art.
Aber nicht nur Schiffshalter, sondern auch Columbus-Krabben reisen gerne per Anhalter durch die Weltmeere. Allerdings bevorzugen die kleinen Krebse dabei als Fortbewegungsmittel Karettschildkröten, bei denen sie paarweise in zwei taschenartigen Hautfalten zwischen Schwanzansatz und den Hinterbeinen leben. Die Schildkröten profitieren ebenfalls von ihren »blinden Passagieren«, da die Krebse den lästigen Algenaufwuchs des Schildkrötenpanzers abweiden und so den Wasserwiderstand und damit natürlich auch den Energieverbrauch der Meeresreptilien senken.

ANTI-ANFRIER-MECHANISMUS

Wahrscheinlich hat sich jeder auch nur halbwegs interessierte Naturfreund schon einmal gefragt: Warum frieren Pinguine eigentlich nicht mit ihren Füßen am Eis fest? Das betrifft natürlich nur die Pinguine, die in den antarktischen Gefilden zu Hause sind. Um nicht am Eis festzufrieren, bedienen sich die gefiederten Frackträger gleich zweier Tricks: Zum einen frieren ja bekanntermaßen nur Flüssigkeiten leicht fest – daher wären Tiere mit Schweißfüßen am Südpol extrem gefährdet. Die cleveren Pinguine halten ihre Füße jedoch möglichst trocken. Zusätzlich stehen sie oft nur auf den Fersen, um die Kontaktfläche mit dem Eis so klein wie möglich zu halten.

Zum anderen kühlen die Vögel ihre Füße mit einem körpereigenen Wärmeaustauscher von den 39 °C, die im übrigen Körper herrschen, auf rund 8 °C herunter. Durch diesen Kniff wird erreicht, dass die Füße gerade so kalt sind, dass das Eis darunter nicht antaut. Und was nicht antaut, kann auch nicht gefrieren. Der Wärmeaustausch wird durch die spezielle Lage der Blutgefäße in den Beinen ermöglicht, in denen Arterien und Venen sehr eng beieinander liegen. Während warmes Blut durch die Arterien in die Füße fließt und dabei von den benachbarten Venen heruntergekühlt wird, wird das kalte venöse Blut, das in den Körper zurückströmt, von den Arterien wieder erwärmt. Allerdings verfügen lediglich diejenigen Pinguine, die in den antarktischen Gefilden zu Hause und an Eis und Schnee angepasst sind, über einen solchen »Anti-Anfrier-Mechanismus«. Sollten sich andere Pinguinarten, die etwa in Südafrika, Südamerika oder Australien beheimatet sind, einmal zufällig aufs Eis verirren, könnten sie tatsächlich festfrieren.

ARTILLERISTEN

Bombardierkäfern steht zur Verteidigung gegen Vögel und andere Fressfeinde ein ebenso ausgeklügeltes wie eindrucksvolles Verteidigungssystem zur Verfügung: Bei Bedrohung verspritzen die gerade mal 1 cm großen Käfer aus dem Hinterleib explosionsartig mit einem lauten Knall eine bis zu 100 °C heiße, ätzende Flüssigkeit. Dazu produziert der Käfer in bestimmten Drüsen die beiden chemisch äußerst reaktiven Substanzen Hydrochinon und Wasserstoffperoxid, die dann mit Hilfe verschiedener Katalysatoren in einer sogenannten Explosionskammer heftig miteinander reagieren. Bei der Reak-

tion wird sehr viel Wärme frei, und die entstandenen Chinone werden mit hohem Druck nach außen geschleudert. Die Käfer können diese körpereigene »Artillerie«, die ihnen auch zu ihrem deutschen Namen verholfen hat, durch Biegen des Hinterleibes ganz gezielt in Richtung ihrer Feinde einsetzen. Da die Käfer die zur Verfügung stehenden Chemikalien niemals mit einem Schuss verbrauchen, sind bis zu 20 Entladungen hintereinander möglich und es können auch mehrere Gegner abgewehrt werden.

BALLASTSTEINE

Lange Zeit glaubte die Wissenschaft, dass die zum Teil recht großen Steine, die man immer wieder im Magen von erlegten Krokodilen fand, zur Zerkleinerung der Nahrung dienen, wie das etwa bei Straußenvögeln der Fall ist (siehe S. 76). Nach neueren wissenschaftlichen Erkenntnisse haben die Steine je-

doch die Funktion eines Zusatzballastes, durch den die gepanzerten Echsen ihr spezifisches Gewicht erhöhen und damit den Auftrieb im Wasser verringern. Durch diesen Trick können die gefürchteten Räuber länger auf dem Boden eines Gewässers bleiben und dort unbemerkt auf Beute lauern. Die Steine werden übrigens im Laufe der Zeit durch den aggressiven Magensaft der Krokodile aufgelöst und müssen immer wieder durch neue ersetzt werden.

BAUMFISCHE

Schlammspringer, die in den Mangrovenwälder und im Brackwasser tropischer Küsten zu Hause sind, gehören ohne Zweifel zu den faszinierendsten Fischen überhaupt, sind sie doch in der Lage, sowohl das Wasser als auch das Land als Lebensraum zu nutzen. Kein anderer Fisch erledigt so viele seiner Lebensaktivitäten wie etwa Nahrungssuche, Sex oder Revierverteidigung an Land wie diese etwa 20 cm großen Tiere mit den charakteristischen bulldozerähnlichen Köpfen, aus denen die Augen wie bei einem Frosch weit hervorragen. Die nachtaktiven Tiere können sich mit Hilfe ihrer armartig verlängerten und deutlich verdickten Brustflossen wie mit einfachen Beinen an Land recht gut vorwärtsbewegen und sind sogar in der Lage, auf Bäume zu klettern, um dort Insekten zu erbeuten. Das Leben an Land ermöglicht den amphibischen Fischen ihre erweiterte und stark kapillarisierte Kiemenhöhle, die nur durch eine schmale Kiemenspalte mit der Außenwelt verbunden ist. Befindet sich ein Schlammspringer an Land, schließt er einfach diese Kiemenspalte und verhindert so, dass seine zarten Kiemen austrocknen. Den Sauerstoffgehalt im Kiemenraum können die Fische dann durch Luftschnappen immer wieder auffrischen. Zusätzlich sind Schlammspringer in der Lage, in begrenztem Maße auch über ihre Haut Sauerstoff aus der Luft aufzunehmen.

BEISCHLAFBETRÜGER

Bei den zur Familie der Raubfliegen gehörenden Tanzfliegen ist es üblich, dass die Männchen der Dame ihres Herzens zu einem Rendezvous ein Brautgeschenk mitbringen. Bei diesem Geschenk handelt es sich um ein selbst gefangenes Insekt, das die Herren auch stets noch sorgfältig verpacken. Die »Geschenkverpackung« erfolgt mittels Spinnfäden, die die etwa 1 cm großen Insekten mittels Spinndrüsen produzieren, die sich im verbreiterten 1. Fußglied befinden. Mit dem Präsent, das auf den ersten Blick an ein Miniaturwollknäuel erinnert, begeben sich die Männchen dann in den frühen Abendstunden zu den meist auf Waldlichtungen gelegenen Tanzplätzen, auf denen allabendlich ganze Schwärme liebeshungriger Männ-

chen die ebenfalls in Schwärmen auftretenden Weibchen umwerben. Nach der Partnerwahl darf das Männchen dann zumindest so lange mit dem Weibchen Sex haben, wie dieses zum Auspacken des Geschenks benötigt.
Manche Tanzfliegenmännchen haben sich jedoch zu regelrechten Beischlafbetrügern entwickelt und schummeln beim Brautgeschenk: Sie übereichen ihren Damen oft einfach nur ein eingesponnenes Aststückchen. Wenn die getäuschten Weibchen den Betrug nach ein paar Minuten erkennen, kommt es meist zum Coitus interruptus – doch bis dahin hatte das listige Männchen Zeit genug, zumindest ein paar Spermien einzuschleusen. Andere Weibchen stören die »Mogelpackungen« überhaupt nicht. Offensichtlich gilt hier: Hauptsache Geschenk!

BEUTEDETEKTOR

Haie besitzen einen eingebauten Beutedetektor, denn die Evolution hat die Raubfische mit einem sechsten Sinn, nämlich hoch entwickelten Sensoren für elektrische Felder ausgerüstet. Bei diesen Organen – Wissenschaftler sprechen von »Lorenzinischen Ampullen«, die sich vor allem in der Schnauzenregion befinden und an der Hautoberfläche als dunkle Punkte zu erkennen sind – handelt es sich um winzige, gallertgefüllte Kanälchen, die mit Nerven versehen sind, die auf elektrische Stimulationen reagieren. Die Haie nutzen dabei die Tatsache, dass alle Lebewesen durch die Kontraktion ihrer Muskulatur geringe elektrische Spannungen abgeben. Dank ihrer äußerst sensiblen Elektrorezeptoren können die Räuber diese elektrischen Potenziale, die von Menschen oder Tieren ausgehen, selbst auf große Entfernungen präzise lokalisieren. Sogar ein im Sand vergrabenes Beutetier vermag ein Hai mit

Hilfe dieses ähnlich wie ein Minensuchgerät arbeitenden Sinnesorgans ausfindig zu machen; schließlich ist kein Tier in der Lage, seine bioelektrischen Felder zu verbergen. So setzen beispielsweise auch schlafende Tiere allein durch ihren Herzschlag stets schwache elektrische Spannungen frei. Wissenschaftler haben bei Laborversuchen festgestellt, dass von den Fischen bereits Unterschiede von 1 Fünfmilliardstel Volt (!) wahrgenommen werden können. Allerdings arbeiten die Lorenzinischen Ampullen nicht ganz fehlerfrei, denn auch metallische Gegenstände erzeugen durch galvanische Reaktionen im Meerwasser schwache elektrische Felder. Kein Wunder also, dass in den Mägen gefangener Haie immer wieder Metallobjekte wie Konservendosen, Nummernschilder oder auch mal ein Stahlhelm aus dem Zweiten Weltkrieg gefunden werden.

BIFOKALAUGEN

Als der berühmte amerikanische Staatsmann und Naturwissenschaftler Benjamin Franklin in die Jahre gekommen war und außer einer Sehhilfe für die Entfernung auch noch eine Brille zum Lesen benötigte, entwickelte er, da es ihm lästig war, ständig seine Fernbrille gegen die Lesebrille auszutauschen, 1780 eine Brille, durch die er im oberen Teil entfernte Gegenstände scharf sah und im unteren lesen konnte. Davon mag der eine oder andere Leser bereits gehört haben. Weitgehend unbekannt ist jedoch, dass schon lange vor der Erfindung dieser sogenannten Bifokalbrille durch das Multigenie Franklin bereits ein kleiner Süßwasserfisch ein Modell solcher Gläser trug: der Vieraugenfisch. Diese im Amazonasbecken vorkommende rund 30 cm große Fischart lebt nämlich genau an der Wasseroberfläche und braucht daher ständig Informatio-

nen darüber, was sowohl über als auch unter Wasser geschieht. Die Evolution hatte auch für dieses Problem eine Lösung parat: Was auf den ersten Blick tatsächlich 4 Augen (wie es auch der Name suggeriert) zu sein scheinen, sind in Wirklichkeit nur 2 große runde Augen, die allerdings jeweils durch ein Hautband in eine obere und eine untere Hälfte geteilt sind. Mit der oberen Augenhälfte schaut der Vieraugenfisch wie mit einem Periskop aus dem Wasser und sucht den Himmel nach hungrigen Wasservögeln ab. Die untere Hälfte der Augen dient dagegen zur Unterwassersicht. Zum Sehen unter Wasser benötigt der Fisch jedoch dickere Augenlinsen als zum Sehen in der Luft. So hat jedes Auge eine elliptisch geformte Linse, deren unterer Teil dicker als der obere ist – eben ein tierischer Vorläufer einer Bifokalbrille.

BLINKENDE LIEBESBOTSCHAFTEN

In lauen Frühsommernächten sorgt oft das grünliche Leuchten und Flimmern der Glühwürmchen für eine unnachahmlich Stimmung in unseren Wäldern und Parks. Bei aller Romantik gilt jedoch zunächst einmal festzuhalten, dass die Bezeichnung »Glühwürmchen« gleich doppelt irreführend ist, denn es handelt sich keinesfalls um kleine Würmer (auch wenn die weiblichen Tiere so aussehen), sondern um sogenannte Leuchtkäfer, und Glühwürmchen glühen auch nicht, sondern erzeugen in speziellen Leuchtorganen in einem enzymatisch gesteuerten chemischen Prozess ein kaltes Licht. Wissenschaftler bezeichnen diesen Vorgang als Bioluminiszenz.
Die Leuchtsignale der Glühwürmchen sind quasi leuchtende Liebesbotschaften, denn sie dienen der Partnerfindung. Oft

sind nur die Weibchen im Besitz von Leuchtorganen, bei anderen Arten können beide Geschlechter blinken. Und damit ein Leuchtkäfer nicht etwa bei der falschen Dame landet, unterscheiden sich die verschiedenen Leuchtkäferarten in der Länge und im Rhythmus der Leuchtsignale. Der Bioleuchtvorgang selbst ist äußerst effizient, denn die bei diesem Prozess freigesetzte Energie wird zu 95 % in Form von Licht abgegeben. Lediglich 5 % gehen als Wärme verloren. Bisher konnte noch keine künstliche Lichtquelle hergestellt werden, die einen derart hohen Wirkungsgrad erreicht. Und auch die Leuchtkraft einiger Leuchtkäfer ist nicht zu verachten: So gibt es in den Tropen Arten, bei deren Licht man nachts bequem die Zeitung lesen kann.

BLUTARMUT

Normalerweise ist der Besitz von roten Blutkörperchen für Wirbeltiere lebensnotwendig, haben die kleinen Zellen doch die Aufgabe, den eingeatmeten Sauerstoff, ohne den der Zellstoffwechsel zum Erliegen kommen würde, von der Lunge oder den Kiemen in das Körpergewebe zu transportieren. Eisfische jedoch, eine kleine Meeresfischfamilie, die aus etwa 15 Arten besteht, bilden in Sachen Blut bei den Wirbeltieren die große Ausnahme. Eigentlich dürften diese Fische, die in der Antarktis zu Hause sind, gar nicht lebensfähig sein, denn ihnen fehlen die roten Blutkörperchen. Dass sie dennoch überleben können, liegt zum einen an der größeren Pumpleistung ihres Herzens und zum anderen an einer außergewöhnlich starken Hautatmung. Zudem leben Eisfische in kalten Gewässern, in denen der Stoffwechsel von wechselwarmen Tieren ja deutlich verringert ist.

BLUTSPENDER

Die nicht etwa in Transsilvanien, sondern in Südamerika lebenden Vampirfledermäuse sind die einzigen Säugetiere, die sich auf Blut als alleinige Nahrung spezialisiert haben. Das Beutespektrum der kleinen Blutsauger reicht dabei von Rindern und Schweinen bis sogar hin zu Menschen. Neueren wissenschaftlichen Erkenntnissen zufolge haben die Flattertiere mit dem schlechten Ruf aber eine ausgesprochen soziale Ader: Aus ihrem Blutvorrat im Magen füttern die »Vampire« hungernde Artgenossen der eigenen Fledermauskolonie, die beim nächtlichen Beuteflug leer ausgegangen sind. Dieses hoch entwickelte und bei Säugetieren äußerst seltene Sozialverhalten

ist für das Überleben der Kolonie insofern wichtig, als eine Vampirfledermaus stirbt, wenn sie mehr als 2 aufeinanderfolgende Nächte ohne Blutmahlzeit bleibt. Die soziale Fütterung ist nach Beobachtungen von Wissenschaftlern jedoch ein Geschäft auf Gegenseitigkeit und enthält eine Sicherung gegen faule Betrüger: Geholfen wird nämlich nur Artgenossen, von denen der Spender später – wenn er selbst hungert – seinerseits Hilfe erwarten kann.

BLUTSPRITZER

Schon allein mit ihrem bizarres Aussehen, bedingt durch einen krötenähnlichen Körper und hornartige Fortsätze des Kopfes, gehören Krötenechsen zu den ungewöhnlichsten Echsen überhaupt. Berühmt gemacht hat die etwa 10 cm langen Tiere, die im Südwesten der USA und in Mexiko zu Hause sind, jedoch eine Art der Verteidigung, die wohl einmalig auf der Welt ist: Die Kröten können nämlich, wenn konventionelle Verteidigungsmittel wie Tarnung oder Drohverhalten wirkungslos bleiben, zielgerichtet Blut aus ihren Augen spritzen, um Raubtiere wie z. B. Kojoten abzuschrecken. Dies erreichen die Wüstentiere, indem sie zunächst den Blutdruck im Kopf erhöhen. Wenn der Druck ansteigt, platzen kleine Blutgefäße in den Augen, und das Blut spritzt aus den Tränenkanälen. Der mexikanische Name für Krötenechsen lautet übrigens »torito de la Virgen«, was so viel bedeutet wie »kleiner Stier der Jungfrau« – eine Bezeichnung, die zum einen auf die hornartigen Kopffortsätze der sonderbaren Echsen und zum anderen auf die »blutigen Tränen« anspielt, die zahlreichen Legenden nach auch viele Statuen der Jungfrau Maria vergossen haben.

BOXHANDSCHUHE

Boxerkrabben haben es faustdick – zwar nicht hinter den Ohren, dafür aber in den Scheren: Die kleine Krebstiere tragen nämlich in jedem ihrer Greifwerkzeuge eine Anemone, die sie zuvor vorsichtig von ihrer eigentlichen Unterlage abgelöst haben. Auf den ersten Blick erinnern die anemonenbepackten Scheren an klebrige, kleine Boxhandschuhe, was auch zum Namen Boxerkrabbe geführt hat. Nähert sich ein Fressfeind einer Boxerkrabbe, richtet sie sich sofort auf und droht ihrem Gegner mit ihren »Boxhandschuhen«. Eine gute Strategie, denn die nesselnden Anemonen sind auch bei eigentlich überlegenen Feinden gefürchtet.
Die Anemonen werden nicht nur gegen Fressfeinde, sondern auch zur Revierverteidigung gegen Artgenossen eingesetzt, denn Boxerkrabben teilen ihre Fanggründe nur äußerst un-

gern. Nähert sich daher eine benachbarte Krabbe einer Reviergrenze, wird sie sofort vom Revierinhaber quasi mit fuchtelnden Fäusten in ihre Schranken gewiesen. Zur Belohnung für ihre ungewöhnliche Verteidigungstätigkeit dürfen die Anemonen an den Überresten der Mahlzeit der Krabben partizipieren.

Damenstapler

In Sachen Liebe haben es die Männchen einer bestimmten Meerasselart wirklich nicht leicht. Um bei ihrer Angebeteten zum Zuge zu kommen, müssen sie nämlich genau den Augenblick abpassen, an dem die Dame ihres Herzens ihren liebestötenden Panzer abgelegt hat – sprich sich frisch gehäutet hat. Denn nur wenn das Asselweibchen quasi nackt ist, kann es zu einer erfolgreichen Paarung kommen. Um das nervtötende Warten auf eine empfangsbereite Braut deutlich zu verkürzen, haben sich die Asselmänner eine raffinierte Strategie einfallen lassen: Zunächst einmal locken die Herren der Schöpfung paarungswillige Asseldamen mit Hilfe eines Sexuallockstoffes in ihre schlauchförmigen Höhlen. Dort werden die Damen dann bereits sehnsüchtig von ihrem potenziellen Liebhaber erwartet. Die Asselcasanovas begnügen sich jedoch bei Weitem nicht mit einer einzigen Dame, sondern nehmen ein Weibchen nach dem anderen in Empfang. Die vom Duftstoff total benebelten und daher offensichtlich auch völlig willenlosen Weibchen stapelt das Männchen in der Höhle dann fein säuberlich hintereinander auf. Auf diese Weise können innerhalb weniger Monate rund zwei Dutzend »gestapelte« Weibchen zusammenkommen. In dieser Zeit ist der Assel-Polygamist voll damit beschäftigt, zu überprüfen, welches Weibchen sich gerade häutet und damit für den Fortpflanzungsakt zur Verfügung steht. Mit diesem Trick verkürzt das Asselmännchen drastisch die häutungsbedingten Wartezeiten und hat (fast) immer ein Weibchen zur Hand, wenn es ihn nach heißem Sex gelüstet.

DAMENWIEGER

Normalerweise herrscht im Tierreich Damenwahl. Bei den von amerikanischen Farmern in den US-Bundesstaaten Nevada, Utah und Idaho aufgrund ihrer Gefräßigkeit so gefürchteten Mormonenheuschrecken ist es jedoch umgekehrt. Hier sucht ausnahmsweise nicht das Weibchen seinen Geschlechtspartner aus, sondern das Männchen, und das ist extrem wählerisch und bevorzugt dabei ganz klar den molligen Typ. Bevor sich der Heuschreckenmann nämlich für eine Partnerin entscheidet, wird diese von ihm einem eingehenden Test unter-

zogen: Das Männchen stemmt dazu das Weibchen prüfend in die Höhe, um sein Gewicht und damit die Anzahl seiner Eier richtig einschätzen zu können. Es gilt: je schwerer, desto besser. Seinen kostbaren Samen möchte der in dieser Beziehung äußerst geizige Heuschreckenherr nämlich nicht an Weibchen mit einer lediglich unterdurchschnittlichen Eierzahl verschwenden. Schließlich will er ja seine Gene an möglichst viele Nachkommen weitergeben. Wird eine Heuschreckendame bei diesem skurrilen Auswahlverfahren als zu leicht befunden, wird sie in jeder Hinsicht fallen gelassen, und das Männchen wendet sich sofort der nächsten Kandidatin zu.

DAUERSÄNGER

Die längsten und vor allem kompliziertesten Liebeslieder im Tierreich singen nicht etwa Vögel, sondern Wale. Die bis zu 15 m langen und 30 Tonnen schweren Buckelwalbullen lassen ihre Lieder fast nur an ihren Paarungsplätzen erklingen, wo sie ihren Weibchen dann allerdings unermüdlich und nur durch Atempausen unterbrochen ein Ständchen nach dem anderen bringen. Im Durchschnitt singen die gewaltigen Meeressäuger volle 3 Stunden lang, um die Gunst der Dame ihres Herzens zu erlangen. Manchmal dauern die Gesangsdarbietungen der grauen Riesen aber auch einen ganzen Tag lang. Die Lieder, die aus Pfiffen, Bellen, Schreien, Rufen, Grunzen und Stöhnen bestehen, sind sehr komplex und regelrecht in Verse oder Themen unterteilt und können dabei je nach Population sehr unterschiedlich sein. So haben die Buckelwale des Nordpazifiks ein völlig anderes Liedgut als die Buckelwale des Südpazifiks. Manchmal lässt sich sogar ein einzelner Buckelwal an seinem spezifischen, unverwechselbaren Gesang identifizieren.

DIEBESWAFFEN

Normalerweise sind Schnecken durch ihre harte Schale gut vor Fressfeinden geschützt. Die marinen Nacktschnecken, die Zoologen der Unterordnung »Nacktkiemer« zustellen, haben im Verlauf der Evolution jedoch ihre schützenden Gehäuse verloren und daher andere Abwehrmechanismen entwickelt. Die Violette Fadenschnecke z. B. bedient sich geklauter Waffen. Dazu frisst die Schnecke sogenannte Nesseltiere; das sind primitive Tiere die mit Nesselzellen bewaffnet sind – kleinen, explosiven Zellen, die bei Reizung einen Nesselschlauch ausschleudern, um damit Gift in ihr Opfer zu injizieren. Die Nesselzellen der gefressenen Beute passieren dabei unbeschadet den Verdauungstrakt und werden durch spezielle Darmausstülpungen an entsprechende Stellen im Hinterleib gebracht und dort eingelagert. Werden die Schnecken jetzt von einem Fressfeind attackiert, explodieren die Miniaturgeschosse und fügen dem Angreifer schwere Vernesselungen zu. Da die Nacktschnecken die Nesselzellen sozusagen von ihrer Beute, den Nesseltieren, stehlen, sprechen Wissenschaftler hier von Kleptocniden (»klepto« = stehlen; »cniden« = Nesselzellen).

DUFTKEUSCHHEITSGÜRTEL

Nach der Paarung verpassen Männchen der Schmetterlingsfamilie der Weißlinge ihrer Partnerin einen Keuschheitsgürtel der besonderen Art. Sie markieren nämlich ihre Liebste mit dem selbst produzierten Duftstoff Methylsalicylat. Diese Substanz wirkt bei den Faltern als »Anti-Aphrodisiakum« und blockt Annäherungsversuche anderer Schmetterlingsherren höchst erfolgreich ab. Mit dem chemischen Keuschheitsgür-

tel wollen die Weißlingsmännchen gewährleisten, dass bei »ihrem« Weibchen nur die eigenen Spermien zum Zuge kommen und damit die eigenen Gene erfolgreich weitergegeben werden.

DUFTSTOPPSCHILD

Auch der Verkehr von Ameisen wird mit Hilfe von »Stoppschildern« geregelt. Allerdings bestehen die Verkehrswarnzeichen der bekannt fleißigen Insekten nicht wie bei uns Menschen aus Aluminium und tragen den rot-weißen »STOP«-Aufdruck, sondern werden – für das menschliche Auge unsichtbar – aus Duftmolekülen gebildet. Es ist schon seit Längerem bekannt, dass Ameisenarten mit Duftspuren arbeiten, um zu gewährleisten, dass auch ihre Artgenossen den Weg vom Nest zu einer ergiebigen Futterquelle sicher finden. Jetzt haben britische Forscher aber bei Untersuchungen an Pharaoameisen herausgefunden, dass die kleinen Krabbeltiere auch Duftsignale einsetzen, die ihre Artgenossen von bestimmten Wegen fernhalten. Die Wissenschaftler konnten in einer Versuchsreihe nämlich zeigen, dass die »Nahrungsscouts« der Ameisen an Weggabelungen jeweils die Wegvarianten, die nicht zu einer Nahrungsquelle führen, mit einem duftenden »Zutritt-verboten«-Schild versehen, um nachfolgenden Tieren überflüssige Wege zu ersparen.

Echojäger

Um sich auch in der Dunkelheit orientieren zu können, haben die dämmerungs- und nachtaktiven Fledermäuse ein perfektes Echoortungssystem entwickelt – sie »sehen« mit den Ohren: Die Tiere stoßen während des Fluges laute Schreie im Ultraschallbereich (oberhalb 20.000 Hertz) aus und erkennen an den zurückgeworfenen Echos der Schreie jedes Hindernis und jedes noch so kleine Beutetier. So verschaffen sie sich sozusagen ein genaues Hörbild ihrer Umgebung. Das Echolotsystem der Nachtjäger ist so leistungsfähig, dass sie selbst Drähte mit einem Durchmesser von weniger als 0,1 mm wahrnehmen können. Manche Flattertiere sind sogar in der Lage, ihre Beute nicht nur zu lokalisieren, sondern auch zu identifizieren. Die Nachtjäger können also per Echoortung genau erkennen, ob da vor ihnen ein dicker Käfer brummt oder nur eine zarte und wenig kalorienreiche Stechmücke um ihr Leben fliegt. Glücklicherweise liegen die Fledermausschreie oberhalb der Hörgrenze des Menschen, denn sie werden mit einer Lautstärke von bis zu 120 Dezibel ausgestoßen, das entspricht in etwa dem Lärm, den ein Presslufthammer verursacht! Übrigens sind Fledermäuse entgegen einer weitverbreiteten Meinung nicht blind; sie können klar zwischen Hell und Dunkel unterscheiden und sich vermutlich auch an den Umrissen weiter entfernter markanter Punkte orientieren.

ELEKTROFISCHE

Die Familie der Zitterrochen umfasst rund 40 Arten, die meist im Küstenbereich der tropischen und subtropischen Meere zu finden sind und sich von kleinen Fischen und Krustentieren ernähren, die sie mit selbst produzierten Stromstößen betäuben oder sogar töten. Möglich macht dies die spezielle Muskulatur der Brustflossen der nachtaktiven Tiere, die zu einem elektrischem Gewebe umgebildet ist. Mit diesem sogenannten Elektroorgan sind die Rochen in der Lage, Stromschläge mit einer Spannung von bis zu 220 Volt zu erzeugen. Die effektive Wirkung der Stromstöße beschränkt sich hierbei allerdings auf etwa 50 cm. Aber auch Fressfeinden

wie größeren Fischen oder Meeressäugern kann mit Hilfe der Stromstöße jederzeit eine schmerzhafte Lektion erteilt werden. Für einen Menschen sind die Stromschläge zwar mit großen Schmerzen verbunden, wirken jedoch nicht tödlich, da die Stromstoßdauer einer Einzelentladung mit etwa 5 Millisekunden zu kurz ist, um einen Herzstillstand oder eine lebensgefährdende Atemlähmung zu bewirken.

Fallgruben

Ameisenlöwen strafen das bekannte Sprichwort Lügen, demzufolge derjenige, der andern eine Grube gräbt, selbst hineinfällt. Ameisenlöwen – die Larven der zu den Netzflüglern gehörenden Ameisenjungfern – fangen ihre Beute nämlich mittels selbst gebauter Fallgruben. Dazu buddeln die rund 1cm großen räuberischen Insektenlarven im Sand trichterförmige Fallen mit einem Durchmesser von bis zu 8 cm und einer Tiefe von 5 cm, an deren Grund sie sich selbst eingraben und dort geduldig auf unvorsichtige Tiere lauern, die in ihre Grube fallen. Versucht ein Beutetier zu entkommen, schleudert der Ameisenlöwe mit ruckartigen Kopfbewegungen Sand auf den Flüchtling, sodass dieser zum Boden des Trichters abrutscht. Hat der Ameisenlöwe seine Beute dann mit seinen großen Kieferzangen gepackt, injiziert die räuberische Larve Gift in ihr Opfer und saugt es dann regelrecht aus. Hinsichtlich der Beuteeffizienz sind die kleinen Ameisenlöwen ihren großen Namensvettern aus den Savannen Afrikas übrigens weit überlegen.

FARBENSPRACHE

Lange Zeit glaubte man, dass Chamäleons ihre schon fast legendäre Fähigkeit zur Farbveränderung dazu benutzen würden, sich perfekt an ihre Umgebung anzupassen. Heute weiß man jedoch, dass die bizarr wirkenden Reptilien ihre Körperfarbe nicht etwa verändern, um sich für Beutetiere und Fressfeinde unsichtbar zu machen, sondern diese zur Kommunikation benutzen und damit Artgenossen ihre aktuellen Stimmungen und Gefühle signalisieren. Der Farbwechsel ist also bei den Chamäleons ein Ersatz für Sprache. Die Reptilien zeigen damit an, ob sie verärgert, ängstlich oder in Angriffstimmung sind oder z. B. ob ein Männchen, das sich im Zwist mit einem Rivalen befindet, sich stärker oder schwächer als sein Konkurrent fühlt. Nach dem Kampf präsentiert der Sieger sein leuchtendstes Prachtgewand, der Verlierer dagegen wird

aschfahl. Chamäleons wechseln aber auch die Farbe, wenn sich ihre allgemeine körperliche Verfassung ändert. Friert ein Tier, wird es schwarz. Dadurch versucht es, Wärme zu speichern. Durstige Chamäleons wiederum verfärben sich gelb. Für die optischen Wechselspiele sind diverse Farbzellen in unterschiedlichen Hautschichten verantwortlich, die durch hormonelle und nervöse Reize gesteuert werden.

FASSADENKLETTERER

Sie laufen mühelos die Zimmerwand hoch, können an der Decke entlanghuschen und ohne jede Anstrengung selbst an glatten Glasscheiben haften – für Geckos scheinen die Gesetze der Schwerkraft nicht zu gelten. Diese außergewöhnliche Haftfähigkeit verdanken die kleinen Reptilien der speziellen Konstruktion ihre Füße. An der Fußunterseite der Geckos sitzen nämlich dicht gedrängt Millionen von feinen Härchen, sogenannte Setae, die ihrerseits an ihren Spitzen in bis zu 1000 winzige Wülste aufgespalten sind, die Wissenschaftler als Spatulae bezeichnen. Diese gerade mal ein 200-millionstel Millimeter dicken Strukturen binden sich über elektrodynamische Wechselwirkungen an die Moleküle des Untergrunds, auf dem die Geckos sitzen. Diese sogenannten Van-der-Waals-Kräfte sind zwar relativ schwach und wirken auch nur über extrem kurze Entfernung, doch in der Summe reicht die Haftkraft der vielen Milliarden Spatulae der 4 Geckofüße aus, um – zumindest theoretisch – rund 140 Kilogramm zu halten, viel mehr also, als nötig ist, um die kleinen Echsen an der Decke »kleben« zu lassen. Amerikanische Forscher versuchen derzeit, diese Erkenntnisse für die Entwicklung eines haftstarken »Gecko-Klebstoffs« zu nutzen.

FEMINISTENTIERE

Einige Tierarten kommen – wahrscheinlich zur Freude vieler Feministinnen – erstaunlicherweise gänzlich ohne Männer aus. Sie pflanzen sich ausschließlich eingeschlechtlich durch sogenannte Jungfernzeugung fort. Bei dieser Art der Fortpflanzung, die Wissenschaftler als Parthenogenese bezeichnen, wird einer unbefruchteten Eizelle mit Hilfe von Hormonen eine Befruchtung vorgegaukelt, sodass sie sich teilen und zu einem vollentwickelten Organismus entwickeln kann. Nun sind die durch Jungfernzeugung entstandenen Nachkommen natürlich nicht nur ausnahmslos weiblich, sondern auch genetisch völlig identisch mit dem Muttertier; es findet ja kein Genaustausch mit einem Männchen statt. Die Töchter sind also Klone der Mutter. Jungfernzeugung tritt bei einer Vielzahl von wirbellosen Tieren auf, beispielsweise Rädertierchen, vielen Krebs- und Spinnentieren sowie einigen Insektenarten. Bei den Wirbeltieren sind es dagegen nur einige vereinzelte Fisch- bzw. Reptilienarten, die sich dieser Art der Fortpflanzung bedienen.

FISCHGESANG

Wenn die Männchen des amerikanischen Bootsmannfisches lautstarke Arien anstimmen, um ihre Weibchen anzulocken, werden die Bewohner von kalifornischen Hafenstädten regelmäßig um den Schlaf gebracht. Schließlich erinnern die Gesänge der etwa 25 cm großen Fische, die sich zur Paarungszeit in großer Zahl in den seichten Gewässern der amerikanischen Westküste einfinden, nach Aussagen von entnervten Ohrenzeugen an Geräusche die irgendwo zwischen dem monotonen Brummen eines Außenbordmotors und dem gewaltigen Tuten

eines Nebelhorns liegen. Die Fische, die von der Gestalt her einer Kröte ähneln, erzeugen ihre Geräusche mit Hilfe ihrer Schwimmblase, die sie dank einer sehr schnellen Muskulatur derart vibrieren lassen können, dass ein Ton mit hoher Frequenz entsteht.

Die weiblichen Bootsmannfische haben übrigens mit einem cleveren Schachzug vorgesorgt, dass sie nicht zur Unzeit vom permanenten und lautstarken Liebeswerben der Männchen genervt werden, denn sie wollen ihren potenziellen Liebhabern natürlich nur dann lauschen, wenn sie paarungsbereit sind. So können die Weibchen normalerweise in dem Frequenzbereich, in dem die liebestollen Herren singen, nur schlecht hören. Erst durch ein Ansteigen der Konzentration des weiblichen Geschlechtshormons Östradiol in der Paarungszeit wird die Struktur des Innenohrs so verändert, dass auch Frequenzen über 100 Hertz und damit auch die Lockgesänge der Männchen vernommen werden können.

FISCHSANDBURGEN

Die Weibchen der im zentralafrikanischen Malawisee vorkommenden Fischart *Cyrtocara eucinostomus* legen bei der Wahl ihrer Partner weder auf Größe noch auf prächtiges Aussehen Wert, wie das ansonsten häufig unter Fischen üblich ist. Sie bevorzugen vielmehr gute Baumeister. Deshalb errichten die gerade mal 10 cm großen Männchen dieser maulbrütenden Fische zu Beginn der Paarungszeit auf dem Grunde des Sees in oft wochenlanger Arbeit riesige Sandburgen mit einem Durchmesser von 1 m und mehr, auf denen sie sich anschließend voller Stolz auf ihre gewaltige Leistung der Damenwelt präsentieren. Und die Fischdamen suchen sich ganz gezielt – ein Schelm, wer hier Vergleiche mit menschlichem Verhalten zieht – die Herren mit den größten Sandburgen aus. Später werden auf der Sandburg auch die Eier abgelegt und befruchtet, bevor sie das Weibchen dann zum Ausbrüten an einen anderen Ort bringt.

FITNESSDEMO

Wenn Flusskrebsmänner ihren Rivalen zeigen, wie fit sie sind, ist das eine äußerst unappetitliche Angelegenheit. Kommt es nämlich zu den üblichen Revierrangeleien unter den nicht gerade für ihre Friedfertigkeit bekannten Krebsmännern, blasen sich die Streithähne zunächst einmal gezielt einen Schwall Urin mitten ins Gesicht. Die Getroffenen können dann sozusagen im Urin »lesen«, denn der Flusskrebsurin enthält chemische Substanzen, die eine genaue Auskunft über den Ernährungs- und Gesundheitszustand und damit auch die Stärke des jeweiligen Kombattanten erteilen. Eben eine Fitnessdemons-

tration der besonders unfeinen Art. Allerdings erkennt ein Gegner so sehr schnell, ob er überhaupt eine realistische Chance hat, einen Kampf zu gewinnen, oder ob es nicht besser ist, gleich den Rückzug anzutreten. Längere und blutige Kämpfe werden dadurch vermieden.

Jüngere Untersuchen zeigen auch, dass aggressive und vor allem siegessichere Tiere deutlich größere Urinmengen versprühen als Artgenossen, die sich ihres Erfolges nicht so sicher sind. Dem Geheimnis des Urinkrieges kamen deutsche Wissenschaftler übrigens mit einem kleinen Trick auf die Spur: Um den normalerweise unsichtbaren Krebsurin aufzuspüren, versetzten sie das Wasser der kampfeslustigen Flusskrebse mit dem Farbstoff Fluorescein. Mit dieser Methode konnte bereits nach kurzer Zeit leicht der weniger siegessichere der beiden Rivalen ausgemacht werden: Er war in eine grün fluoreszierende Wolke gehüllt.

FRISCHFLEISCH-SPEISEKAMMERN

Maulwürfe haben eine hohe Stoffwechselrate und müssen daher täglich gewaltige Mengen Nahrung zu sich nehmen. Ihre Tagesration an Insekten, Regenwürmern und anderen Kleintieren entspricht in etwa der Hälfte des eigenen Körpergewichts! Mehr als 12 Stunden ohne Nahrung überleben die kleinen Tunnelgräber nicht. Da Maulwürfe keinen Winterschlaf halten, legen sie sich zur Überbrückung der kalten Jahreszeit einen Vorrat aus Regenwürmern an, denen sie stets die vorderen Körpersegmente abbeißen, damit sie zwar überleben, aber nicht mehr fortkriechen können. Manchmal werden mehrere Hundert der so malträtierten Würmer in den »Frischfleisch-Speisekammern« der bei Gartenbesitzern so unbeliebten Tiere aufbewahrt.

Gefängnis im Bienenstock

Der aus Afrika eingeschleppte Kleine Beutenkäfer gehört in Nordamerika zu den gefürchtetsten Bienenparasiten: Bei Massenbefall kann er ein ganzes Bienenvolk innerhalb 1 Jahres vernichten, weil seine gefräßigen Larven nicht nur Honig und Pollen, sondern auch die Brut der Bienen auffressen. Während die nordamerikanischen Bienen dem Käfer relativ hilflos gegenüberstehen, haben die Bienen seiner Heimat Südafrika ein effizientes Abwehrsystem entwickelt: Sie sperren die unerwünschten Eindringlinge in regelrechte Gefängniszellen im Bienenstock ein. Dabei halten stets einige Bienen die Käfer solange in Schach, bis andere Honigsammlerinnen das »Wabengefängnis« aus Kittharz aufgebaut haben. Anschließend verhindern Wächterbienen, dass der Käfer aus ihrem Gefäng-

nis ausbrechen kann. Es sind Fälle bekannt, in denen Forscher Bienenstöcke mit über 200 eingekerkerten Käfern fanden. Die Kerkerhaft der Käfer kann sich über einige Monate hinziehen.
Aber wie kann ein Käfer eine so lange Gefängnisstrafe überstehen, ohne zu verhungern? Mit Hilfe von im Bienenstock installierten Videokameras konnten südafrikanische Wissenschaftler vor Kurzem dieses Rätsel lösen: Die Käfer tricksen ihre Bewacher aus – sie erlernen nämlich offensichtlich die Sprache ihrer Wächter. Genau wie hungrige Bienen, die ihre Artgenossen um Futter bitten, betrommeln sie mit ihren Antennen die Gesichter ihrer Kerkermeister. Und die Bettelei ist tatsächlich meist von Erfolg gekrönt: Die Bienen verabreichen ihren Gefangenen tatsächlich einen hervorgewürgten Tropfen Futterhonig.

GEFIEDERTE KLAPPERSCHLANGE

Die amerikanische Kanincheneule hat es sich – völlig untypisch für eine Eule – unter der Erde in selbst gegrabenen oder von Kleinsäugern verlassenen Höhlen gemütlich gemacht. So sind die kleinen Eulen in den USA oftmals in ehemaligen Präriehundhöhlen anzutreffen, die sie mit ihren Füßen vergrößert und mit Nistmaterial ausgepolstert haben. Bei Gefahr durch Fressfeinde greift die Kanincheneule zu einem ebenso ungewöhnlichen wie raffinierten Trick: Sie flüchtet in ihre Höhle und ahmt durch heftiges Schnabelklappern täuschend echt das warnende Klappergeräusch einer hochgiftigen Klapperschlange nach. Daraufhin suchen sämtliche Gegner aus Angst vor der vermeintlichen Schlange mit dem tödlichen Biss fluchtartig das Weite. Ziel erreicht!

GEFRIERSCHUTZMITTEL

Fische, die in den arktischen und antarktischen Meere leben, müssen besonders gefrierfest sein, da der Gefrierpunkt der Gewässer an den Polen wegen der hohen Salzkonzentration teilweise sogar unter 0 °C liegt. Wie aber verhindern Fische, dass sie bei Wassertemperaturen von bis zu –2 °C nicht jämmerlich zugrunde gehen, weiß man doch, dass Fischblut normalerweise bereits bei –0,9 °C gefriert? Ganz einfach: Sie haben ihr eigenes Frostschutzmittel im Blut. Sogenannte Anti-Frost-Glykoproteine (AFGPs) binden Eiskristalle und verhindern dadurch deren Wachstum bzw. die Rekristallation, was den Tod des Fisches bedeuten würde. So können die wechselwarmen Fische den Gefrierpunkt um ein bis zwei Grad absenken und damit den arktischen bzw. antarktischen Temperaturen erfolgreich trotzen. Die antarktischen Fische produzieren diese kälteschützenden Proteine in der Bauchspeicheldrüse sowie im Magen, während die arktischen Fische diese Antifrostproteine auch noch zusätzlich in der Leber ausbilden.

GEHIRNWACHSTUM AUF BEFEHL

Amerikanische Schwarzkopfmeisen brauchen ein gutes Ortsgedächtnis, denn die kleinen Vögel legen im Herbst zur Überbrückung des nahrungsarmen Winters oft bis zu mehrere Hundert Nahrungsverstecke an, die es später bei Bedarf alle wiederzufinden gilt. Diese kolossale Geistesleistung bewältigen die Meisen mit einem einfachen, aber geniale Trick: Sie vergrößern einfach im Herbst den sogenannten Hippocampus, also den Teil ihres Gehirns, der für Orientierung und Ortsgedächtnis zuständig ist, um 30 %. Wissenschaftler vermuten, dass das jahrezeitliche Wachstum der Nervenzellen durch eine vermehrte Hormonausschüttung angeregt wird. Im Frühjahr, wenn die zusätzliche Gehirnleistung nicht mehr benötigt wird, lassen die Vögel ihr Hirn dann aus ökonomischen Gründen wieder auf Normalgröße zurückschrumpfen.

GEHIRNWÄSCHE

Es ist eine ebenso raffinierte wie brutale Strategie, die die Juwelwespe entwickelt hat, damit ihr Nachwuchs stets frische Nahrung zwischen die Mundwerkzeuge bekommt: Sie unterzieht ihre bedauernswerten Opfer einer regelrechten Gehirnwäsche. Dazu injiziert sie mit ihrem Stachel ein Nervengift direkt in das Gehirn z. B. einer Kakerlake und legt sehr gezielt

den Teil des Hirns ihres Opfers lahm, der für das Fluchtverhalten verantwortlich ist. Diese Präzisionshirnchrirugie wird, wie israelische Forscher durch elektronenmikroskopische Untersuchungen herausgefunden haben, durch eine Art »Hirndetektor« ermöglicht, der sich an der Spitze des Giftstachels befindet. Anschließend führt die Wespe das völlig willenlose Insekt an der Antenne wie einen Hund an der Leine zu ihrem Nest, wo die »Zombie-Kakerlake« dann als Lebendfutter für den Juwelwespennachwuchs dient.

GEHÖRSCHUTZ

Grillen »singen« mit den Flügeln. Es sind dabei stets die Männchen, die das charakteristische Zirpen erzeugen, indem sie ihre Flügel aneinanderreiben, wobei eine spezielle Schrillkante über eine gezähnte Schrillader streift. Der etwas einsilbige »Gesang«, der der Revierabgrenzung und zur Anlockung der Weibchen dient, wird von Feldgrillen bevorzugt am Eingang ihrer Erdhöhle vorgetragen und ist bis in die Nachtstunden hinein fast 50 m weit zu hören. An den Schienbeinen der Vordergliedmaßen, wo die Gehörorgane der Grillen sitzen, ist dabei das eigene Zirpen mit fast 100 Dezibel fast so laut wie ein Presslufthammer. Wissenschaftler der Universität Cambridge haben jetzt herausgefunden, dass sich die Grillen mit einem eingebauten Gehörschutz vor dem Lärm des eigenen Gesangs schützen. Das System ist vergleichsweise simpel: Mit Hilfe einer spezialisierten Nervenzelle legen die Grillen ihre Hörnerven während des eigenen Zirpens lahm – sie schalten also quasi ihre Ohren »auf Durchzug«. Während der kurzen Gesangspausen wird die Hörblockade aber stets aufgehoben, sodass die Insekten wieder für sie lebenswichtige Umweltgeräusche wahrnehmen können.

GESCHLECHTSWECHSEL I

Die durch den Disney-Kassenknüller »Findet Nemo« so populär gewordenen Clownfische schließen sich oft zu kleinen Gemeinschaften zusammen, in denen ein strenges Matriarchat herrscht. In den Gruppen, die gemeinsam eine Seeanemone bewohnen, findet man nämlich stets eine größere Anzahl von Männchen, jedoch immer nur 1 Weibchen, das die Gruppe eindeutig dominiert. Unter den Männchen besteht eine nach ihrer Größe gestaffelte Rangordnung. So darf z. B. nur das größte Männchen mit dem Weibchen Sex haben und für die Fortpflanzung sorgen. Stirbt das dominante Weibchen, kommt es zu einem interessanten Phänomen: Das ranghöchste Männchen verwandelt sich in ein Weibchen und übernimmt die »Chefinnenrolle«, und das Männchen, das in der Hierarchie an 2. Stelle steht, steigt zum Liebhaber auf. Diese clevere Strategie dient der Arterhaltung. So muss die Clownsfischgruppe nämlich nicht ihre schützende Anemone verlassen, um ein neues Weibchen zu suchen.

GESCHLECHTSWECHSEL II

Der gerade mal 5 mm große marine Borstenwurm Ophryotrocha puerilis kann sein Geschlecht an den aktuellen Ernährungszustand anpassen. Ihr Leben beginnen die kleinen Borstenwürmer zunächst als Männchen. Bekommen sie genug zu fressen, verwandeln sie sich in Weibchen; leiden die winzigen Würmer Hunger, bleiben sie jedoch Männchen. Auch unzureichend ernährte Weibchen verwandeln sich nach einem gewissen Zeitraum wieder in Männchen zurück. In schlechten Zeiten ist man unter Borstenwürmern offensichtlich besser ein Männchen.
Ein bestimmtes Experiment mit Ophryotrocha puerilis bringt übrigens ein Ergebnis zutage, das nachdenklich stimmen könnte: Entfernt man nämlich einem jungen Weibchen das Hirn, verwandelt es sich in ein Männchen. Hirnamputierte Männchen bleiben dagegen Männchen.

GESCHLECHTSWECHSEL III

Entenmuscheln – die übrigens weder zu den Muscheln gehören noch etwas mit Enten zu tun haben, sondern bei denen es sich um festsitzende Krebstiere handelt – machen die Wahl ihres Geschlechtes von der Nachbarschaft abhängig. Die frei lebenden Larven der Tiere, die typische Bewohner der Brandungszone sind, siedeln sich bevorzugt in der Nähe von Artgenossen an und werden festsitzend. Dabei können die zwittrig veranlagten Tiere ihr Geschlecht frei wählen. Für welches Geschlecht sie sich letztendlich entscheiden, hängt von ihren neuen unmittelbaren Nachbarn ab. Sind dies Weibchen, entwickeln sie sich zum Männchen und umgekehrt. Männliche Entenmuscheln haben einen extrem dehnbaren Penis, der 5-mal so lange ist wie sie selbst. Damit ist es den festsitzenden Krebsen möglich, alle Weibchen in ihrer Reichweite zu begatten.

GESCHLECHTSWECHSEL IV

Die im Indopazifik vorkommenden Geistermuränen beginnen ihr Leben alle als Männchen. Sobald die leuchtend blau gefärbten Männchen der schlangenartigen Fische jedoch eine Länge von exakt 95 cm erreichen, verwandeln sie sich in gelb gefärbte Weibchen. Wissenschaftler bezeichnen diese auch bei einigen anderen Tierarten vorkommende Sonderform der Zwittrigkeit, bei der das Tier zunächst männliche Geschlechtsorgane entwickelt und andere, »weibliche« d. h. ältere Artgenoss(inn)en begattet, um sich dann später selbst in ein Weibchen zu verwandeln, als Protandrie.

GESUNDE BLÄSSE

Auch manche Fische setzen ab und an auf eine gesunde Blässe. So lässt der Maskennasen-Doktorfisch störende Parasiten gerne von sogenannten Putzerfischen entfernen. Und damit die dunklen Parasiten für die Putzerfische besser sichtbar sind und damit von diesen optimal gefressen werden können, leistet auch der Maskennasen-Doktorfisch seinen Beitrag und erblasst einfach mehrmals am Tag.

GO-GO-GIRLS

Putzergarnelen sind bei ihrer Kundschaft sehr beliebt, denn die kleinen Krebstiere ernähren sich von Parasiten und abgestorbenen Hautschuppen, die sie zuverlässig von der Haut von Fischen entfernen. Um die Fische auf ihren praktischen Körperpflegeservice aufmerksam zu machen, greifen die Garnelen zu regelrechten Unterwasser-Werbemaßnahmen und versuchen ihre potenzielle Klientel mit wiegenden Tanzbewegungen als mögliche Kunden zu gewinnen. Der pflegebedürftige Fisch erkennt an den Werbetänzen auch, dass die marinen Go-go-Girls nicht als Leckerbissen zu betrachten sind, sondern einen kostenlosen Reinigungsservice anbieten. Tatsächlich führen die Tanzdarbietungen in nahezu allen Fällen zu einem stillschweigenden Vertragsabschluss in Sachen Hauthygiene zwischen Putzergarnele und Fisch. Australische Wissenschaftler haben übrigens herausgefunden, dass hungrige Putzergarnelen deutlich näher an ihre potenziellen Kunden heranschwimmen und auch viel auffälliger und wilder tanzen als bereits etwas gesättigte Artgenossen und deshalb auch häufiger einen Auftraggeber finden.

GAUCHOS

Im Gegensatz zu anderen Spinnen, die in ihrem selbst gesponnenen Fangnetz geduldig auf ihre Beute lauern, haben die amerikanischen Bolaspinnen eine Beutefangtechnik entwickelt, die verblüffend an die Art und Weise erinnert, mit der südamerikanische Gauchos entlaufene Rinder einfangen. Zum Beutefang setzen die Spinnen nämlich einen Seidenfaden ein, an dessen Ende sich ein klebriger Schleimtropfen befindet. Dieses an den Vorderbeinen baumelnde Fanggerät schleudern die Ansitzjäger dann nach vorbeifliegenden Insekten. Bei einem Treffer muss die Spinne nur noch ihr Wurfseil, an dem ihr Opfer hilflos zappelt, heranziehen und kann dann ihre gefesselte Beute in aller Ruhe zu verspeisen.

Da die Spinnen den Nahrungserwerb nicht dem Zufall überlassen wollen, bedienen sie sich eines teuflischen Tricks, um

ihre bevorzugte Beute – diverse Nachtfalterarten – in den Wurfbereich ihres Lassos zu locken: Sie produzieren je nach Bedarf täuschend echte Imitate des Sexuallockstoffs, mit dem die Falterweibchen ihre Männchen üblicherweise zum Sex auffordern. Dabei können die Bolaspinnen ihre Pheromonimitate sogar genau auf die Art und Aktivität der einzelnen Falterarten abstimmen. So fängt z. B. die Bolaspinnenart *Mastophora hutchinsoni* bevorzugt die Männchen zweier Nachtfalterarten, die jedoch zu unterschiedlichen Zeiten umherschwirren. Während die Art *Lacinipolia renigera* nur bis etwa 22.30 Uhr unterwegs ist , wird die Art *Tetanolita mynesalis* erst ab 23 Uhr aktiv. Amerikanische Wissenschaftler haben vor Kurzem herausgefunden, dass die Spinnen durchaus in der Lage sind, sich an diese Aktivitätszeiten anzupassen und die Zusammensetzung ihres Duftcocktails im Laufe der Nacht so verändern, dass sie jeweils auf die Nachtfalterart abgestimmt ist, die gerade unterwegs ist.

Handstandpinkler

Pandas werden immer wieder dabei beobachtet, dass sie im Handstand urinieren. Für dieses ungewöhnliche Verhalten gibt es jedoch eine einfache Erklärung: Männliche Pandas markieren ihr Revier – wie viele andere Säugetiere auch – mit Urin, um mögliche Rivalen fernzuhalten. Und um diese Markierungen an Bäumen möglichst hoch anzubringen, pinkeln die Bären mit der charakteristischen schwarz-weißen Färbung eben bevorzugt im Handstand. So soll Rivalen suggeriert werden, dass in diesem Revier ein besonders großes Männchen das Sagen hat: kleiner Trick – große Wirkung.

HIERARCHIEDUFT

Wenn zwei Männchen der tanzanischen Grauschabe *Nauphotea cinerea* aufeinandertreffen, erkennen sie sofort, welchen sozialen Status ihr Gegenüber hat, denn Schabenmänner protzen mit ihrem Körpergeruch. Eine Mixtur aus verschiedenen Pheromonen, die die Männchen verströmen, gibt genauen Aufschluss über den jeweiligen Rang in der strengen Schabenmännerhierarchie. So kann man als Grauschabenmännchen sofort am Duft eines Artgenossen erkennen, ob es besser ist, ihn zu meiden, oder aber ob man ihn hemmungslos drangsalieren darf. Aber ein Geruch nach sozialer Unterlegenheit bringt durchaus auch Vorteile mit sich. Die Grauschabenweibchen haben den Duftcode der Männchen nämlich geknackt und können klar entscheiden, mit wem sie sich paaren wollen – mit einem Supermacho oder mit einem eher mickrigen Exemplar. Und siehe da: Die Damen bevorzugen ganz klar Schwächlinge und nehmen offensichtlich sogar billigend in Kauf, dass aus diesen Verbindungen deutlich weniger Nachkommen hervorgehen als bei einer Paarung mit Männern von hohem sozialen Status. Wissenschaftler der Universität Manchester glauben den Grund für dieses im Tierreich äußerst außergewöhnliche Verhalten zu kennen: Die Weibchen paaren sich lieber mit den niederrangigen Männern, um Verletzungen zu vermeiden, denn Machoschabenmänner benehmen sich beim Sex äußerst aggressiv und rücksichtslos. Die dominanten Schabenmännchen sind natürlich alles andere als glücklich über diese außergewöhnlichen sexuellen Präferenzen der Damenwelt und bedrängen daher die glücklichen Schwächlinge äußerst massiv und versuchen sie zum einen an der Abgabe der Pheromone zu hindern und zum anderen so weit wie möglich von den Weibchen fernzuhalten.

HIPPIE-AFFEN

Bonobos sind im Tierreich unsere nächsten Verwandten, stimmen wir Menschen doch rein genetisch gesehen zu fast 99 % mit den auch unter dem Namen Zwergschimpansen bekannten Primaten überein. Auch in Sachen Sex brauchen sich Bonobos vor ihrer menschlichen Verwandtschaft nicht zu verstecken, denn nahezu alle sexuellen Praktiken oder Verhaltensweisen, die wir Menschen kennen, tauchen auch bei Bonobos auf: Da gibt es z. B. Sex mit wechselnden Partnern, regelrechte Orgien, und auch Prostitution und gleichgeschlechtlicher Sex sind den kleinen Menschenaffen nicht unbekannt. Und Bonobos führen auch sexuelle Handlungen aus,

die der *Homo sapiens* entweder nicht tun kann oder nicht tun will. So haben Bonobomänner offensichtlich viel Spaß dabei, mit ihren Penissen zu fechten. In Sachen sexueller Experimentierfreudigkeit kennen Bonobos scheinbar keinerlei Tabus. Kein Wunder also, dass diese Affen von Wissenschaftlern gerne als »Kamasutra-Primaten« bezeichnet werden. Sex scheint Bonobos jedoch nicht nur Vergnügen zu bereiten, sondern hat auch eine soziale Funktion: Er dient nämlich zum Abbau von Spannungen und zur Konfliktlösung innerhalb der Affengruppe. Die Affen folgen da dem alten Hippiemotto »Make love not war« – es ist doch viel besser, Sex miteinander zu haben, als sich zu prügeln. Daher werden Bonobos in der Wissenschaft auch gerne als Hippieschimpansen bezeichnet.

HUBSCHRAUBER-LANDEPLATTFORM

Mit einer Länge von bis zu 3 m, einer Höhe von 4 m und einem Gewicht von bis zu 2 Tonnen ist der Mondfisch nicht nur der größte Knochenfisch der Erde, er besitzt auch die dickste Haut im gesamten Tierreich. Unglücklicherweise bietet die 15 cm dicke, schuppenlose Haut jedoch nicht nur einen guten Schutz, sondern ist auch Tummelplatz von über 50 Parasitenarten. Um die lästigen Quälgeister loszuwerden, lassen sich die friedlichen Kolosse oft auf die Seite gelegt an der Wasseroberfläche treiben, als wollten sie ein Sonnenbad nehmen. Diese »Putzerstellung« ermöglicht es Möwen, auf den riesigen Fischen wie auf einer Hubschrauberplattform zu landen und die Haut pickenderweise von den quälenden Parasiten zu befreien.

HUNGERKÜNSTLER

Blutegel saugen sich an der Haut von Tieren fest, um diese dann mit ihren 3 zahnbewehrten Kiefern – dank eines Betäubungsmittels im Speichel – schmerzfrei aufzubeißen. Bei einer

Blutmahlzeit können die zu den Ringelwürmern zählenden Blutsauger rund das 5-Fache ihres Eigengewichtes an Blut zu sich nehmen, das in riesigen Blindsäcken des Darmes gespeichert wird. Das aufgenommene Blut wird dann in einem Zeitraum von bis zu 18 Monaten verdaut. Nach einer Blutmahlzeit kann ein Egel also im Durchschnitt bis zu 2 Jahre hungern.

Insektenschutzmittel I

Südamerikanische Kapuzineraffen haben eine ungewöhnlich erfolgreiche, aber zugleich auch brutale Methode entwickelt, sich vor den Stichen von Moskitos und anderen Quälgeistern aus der Insektenwelt zu schützen: Sie reiben sich mit den Sekreten von Tausendfüßern der Art *Orthoporus dorsovittatus* ein. Die Affen gelangen an das Sekret, indem sie auf die Tausendfüßer einprügeln oder sie kräftig drücken. Amerikanische Wissenschaftler sind jetzt dem Geheimnis des »Affen-Autans«

auf die Spur gekommen. Es sind die im Sekret enthaltenen Benzochinone, die verhindern, dass Moskitos und andere Insekten zustechen. Normalerweise sondern die tropischen Tausendfüßer diese Substanzen ab, um sich vor Fressfeinden zu schützen.
Auch in Gefangenschaft verzichten die Kapuzineraffen nur ungern auf Benzochinone: Als US-Wissenschaftler in Wildgehegen lebenden Affen Tücher reichten, die mit Benzochinonen getränkt waren, begannen die Tiere sofort, sich damit begeistert einzureiben. Mit Aceton getränkte Tücher ließen die Tiere dagegen links liegen. Auf lange Sicht ist diese Art des Schutzes aber nicht unbedenklich – Benzochinone sind stark ätzend und stehen unter dem dringenden Verdacht, krebserregend zu sein.

INSEKTENSCHUTZMITTEL II

Australische Forscher haben vor Kurzem herausgefunden, dass der erst 1977 entdeckte Prachtlaubfrosch und noch einige weitere Laubfroscharten aus »down under« mit Hilfe körpereigener Insektenschutzmittel, die sie über die Haut abgeben, Moskitos ganz ausgezeichnet auf Distanz halten. Nun wollen die Wissenschaftler daran gehen, die genaue Zusammensetzung des Frosch-Mückenschutzmittels zu untersuchen, um aus den Wirkstoffen ein natürliches und hautverträgliches Mittel gegen stechende Plagegeister zu entwickeln, das auch bei Menschen zum Einsatz kommen kann.

JESUS-CHRISTUS-ECHSE

Für einige Insekten wie etwa den Wasserläufer stellt das Gehen auf der Wasseroberfläche kein Problem dar, da sie dank ihres geringen Gewichtes und der speziellen Anatomie ihrer Beine von der Oberflächenspannung des Wassers getragen werden. Größere Tiere können sich jedoch nur noch schwimmend an der Wasseroberfläche halten, da ihr relativ hohes Gewicht – verteilt auf die vergleichsweise kleine Fläche ihrer Füße – von der Oberflächenspannung nicht mehr bewältigt wird. Diese Regel gilt jedoch nicht für Streifenbasilisken. Diese zu den Leguanen zählenden bis zu 80 cm großen und rund 200 g schweren Echsen können nämlich durchaus beträchtliche Strecken laufend auf der Wasseroberfläche zurücklegen. So hat man Streifenbasilisken mehrfach dabei beobachtet, wie sie quasi »trockenen Fußes« einen 400 m breiten See überquerten. Diese biblische Fähigkeit hat den Echsen, die in den tropischen Regenwäldern Mittelamerikas zu Hause sind, auch den Spitznamen Jesus-Christus-Echse eingebracht.

Wissenschaftler der Universität Boston sind jetzt dem Geheimnis der ungewöhnlichen Echsen auf die Spur gekommen: Ein Einsinken verhindern die Basilisken, indem sie mit hoher Geschwindigkeit (bis zu 12 km/h – das entspricht dem Tempo eines gut trainierten Joggers) mit ihren Hinterbeinen ins Wasser treten. Durch diese Prozedur bietet das Wasser genug Widerstand, um das Gewicht der Echse halten zu können – hängt es doch immer von der Geschwindigkeit ab, wie hart oder weich das Wasser beim Aufprall ist. Aber Geschwindigkeit ist offensichtlich nicht alles. Mit Hilfe einer Hochgeschwindigkeitskamera konnten die amerikanischen Forscher zeigen, dass die Echsen ihre Füße nahezu senkrecht auf die Wasseroberfläche setzen, wodurch ein Luftpolster entsteht, das das Wasser seitlich verdrängt und für den nötigen Auftrieb sorgt.

Kain und Abel

Schreiseeadler-Weibchen legen in der Regel 2 Eier, aus denen im Abstand von wenigen Tagen auch 2 Jungvögel schlüpfen. Allerdings tötet unglücklicherweise der erstgeborene Nestling regelmäßig den naturgemäß kleineren zweitgeborenen Vogel. Die Attacken des älteren auf das jüngere Geschwister beginnen schon am Tage des Schlupfes des Zweitgeborenen. Meist überlebt der jüngere Vogel nur wenige Tage, da er vom älteren Tier bei den Fütterungen abgedrängt und dann entweder aus dem Nest geworfen oder totgehackt wird. Die Vogeleltern schauen dem Treiben ihres Erstgeborenen übrigens

meist ungerührt zu und unterbinden den Geschwistermord üblicherweise nicht. Wissenschaftler bezeichnen dieses Phänomen in Anlehnung an den alttestamentarischen Brudermörder Kain, der ja ebenfalls bekanntermaßen seinen jüngeren Bruder Abel umgebracht hat, als Kainismus.
Während es bei vielen anderen Vogelarten ausschließlich bei Nahrungsmangel zur Tötung von Nestgeschwistern kommt, ist der Geschwistermord beim Schreiseeadler und einigen anderen Greifvögeln angeboren und damit unabhängig von der Nahrungssituation. Worin die Ursachen für diese genetische Fixierung des Brudermords im Horst bei der vom Aussterben bedrohten Art liegen, konnte bisher noch nicht zufriedenstellend geklärt werden.

KIDNAPPING

Der Stoffwechsel von Seeottern ist rund 3-mal höher als bei Landsäugetieren, da die putzigen Meeressäuger riesige Men-

gen kalorienreicher Nahrung zu sich nehmen müssen, um im fast immer um die 10 °C kalten Wasser ihre Körperinnentemperatur von 38 °C aufrechterhalten zu können. Kein Wunder also, dass sich die kleinen Meeresraubtiere ständig auf der Jagd nach etwas Essbarem befinden. Männliche Seeotter entwickeln allerdings reichlich kriminelle Energie, wenn es um den Nahrungserwerb geht. Oft stehlen sie einfach den offensichtlich wesentlich fleißigeren Weibchen die Nahrung, und in einigen Fällen kidnappen sie sogar ein Jungtier und geben es der verzweifelt jammernden Mutter erst nach Übergabe einer mühsam erlegten Beute zurück.

KINDSRAUB UNTER HORMONEINFLUSS

Kaiserpinguine, die in den unwirtlichen Gefilden der Antarktis zu Hause sind, reagieren bei Verlust ihres Jungtieres oft auf eine besonders bizarre Weise: Sie kidnappen den Nachwuchs von Artgenossen, um dann allerdings das entführte Jungtier nach wenigen Stunden scheinbar desinteressiert seinem Schicksal zu überlassen. Französische Wissenschaftler haben jetzt herausgefunden, dass ein außergewöhnlich hoher Spiegel des Hormons Prolactin für dieses sinnlos erscheinende Verhalten der Elternvögel verantwortlich ist. Bei Prolactin handelt es sich um ein sogenanntes Elternhormon, das zu einem guten Teil für das Brutpflegeverhalten der Pinguine verantwortlich ist. Wird der Prolactinspiegel durch Verabreichung von Medikamenten bei den Pinguinen nämlich künstlich gesenkt, treten die Kindsentführungen deutlich seltener auf.

KLAPPERSCHLANGENABSCHRECK-SCHWANZ

Wohl dem, der einen heizbaren Schwanz hat, denn so ausgestattet braucht man eine Klapperschlange nicht zu fürchten – zumindest gilt das für nordamerikanische Erdhörnchen. Amerikanische Wissenschaftler der University of California haben nämlich entdeckt, dass sich die kleinen Nager eines ebenso genialen wie simplen Tricks bedienen, um Klapperschlangen auf Distanz zu halten: Sie heizen einfach ihren Schwanz auf voller Länge kräftig auf und wedeln damit kräftig hin und her. Die Schlangen werten diese Wärmestrahlung der Hörnchen als Zeichen von Aggression und suchen das Weite.
Die Temperaturunterschiede können die Schlangen dank eines mit hochempfindlichen Thermorezeptoren ausgestatten Organs wahrnehmen, das sie in die Lage versetzt, ein sehr exaktes räumliches Infrarotbild ihrer näheren Umgebung zu erstellen. Dieses sogenannte Grubenorgan ermöglicht es den zu

den Grubenottern gehörenden Klapperschlangen, Temperaturänderungen im Bereich von 0,003 °C zu registrieren.
Offensichtlich können die Erdhörnchen auch zwischen verschiedenen Schlangenarten genau differenzieren, denn mit Hilfe einer Wärmebildkamera war festzustellen, dass der Hörnchenschwanz stets kalt blieb, wenn die kleinen Nager auf Kiefernattern trafen, eine Schlangenart, die nicht im Besitz von Thermorezeptoren ist. Im Tierreich war Infrarotstrahlung als Kommunikationssignal bisher unbekannt. Zur Bestätigung ihrer Beobachtungen konfrontierten die Wissenschaftler Klapperschlangen mit einem eigens konstruierten »Erdhörnchenroboter«, dessen Schwanz sich auf Knopfdruck beheizen ließ. Und siehe da: Sobald die Wissenschaftler die künstliche »Schwanzheizung« einschalteten, ließ das aggressive Verhalten der Schlangen deutlich nach.

KOMMUNIKATION DURCH PUPSEN

Was bei Menschen eher verpönt ist, dient bei Heringen offensichtlich der Verständigung, wie kanadische Wissenschaftler unlängst herausgefunden haben. Die Schwarmfische kommunizieren nämlich offensichtlich, indem sie gezielt Luft aus ihrer Schwimmblase in den Analtrakt pumpen und dadurch pulsierende Töne erzeugen – einfacher ausgedrückt durch kräftige und lang anhaltende Fürze. Die Fische können furzenderweise sowohl sehr tiefe und als auch sehr hohe Töne erzeugen: Ihr Spektrum erstreckt sich dabei über mehr als 3 Oktaven.
Weil die Heringe umso häufiger und dauerhafter Luft ausstoßen, je mehr Fische in ihrer Umgebung schwimmen, glauben die Forscher an eine Art soziale Funktion der gemeinsamen Flatulenzen. Mit Hilfe von Unterwassermikrophonen haben

die Wissenschaftler übrigens auch herausgefunden, dass pazifische Heringe etwas »klangbegabter« sind als ihre Artgenossen im Atlantik. Die gezielt abgegebenen Analklänge der Heringe erinnern unwillkürlich die an die sogenannten Kunstfurzer oder Flatulisten, die Ende des 19. Jahrhunderts auf Jahrmärkten und Rummelplätzen, aber auch im berühmten Pariser Kabarett Moulin Rouge auftraten und dort einem mehr oder minder geneigten Publikum Kostproben ihrer besonderen Fähigkeiten darboten.

K.-O.-TROPFEN

Auch Singles sind beim Schlafen nie alleine, haben sie doch stetes Hunderttausende winziger Bettgenossen: Hausstaubmilben, gerade mal 0,3 mm groß und daher für das menschliche Auge nicht sichtbar. Die kleinen Krabbler erfreuen sich bei Menschen freilich keiner allzu großen Beliebtheit, da ihr Kot Auslöser der bekannten Hausstauballergie ist. Und auch die Sexualethik der kleinen Spinnentiere lässt – legt man menschliche Maßstäbe an – schwer zu wünschen übrig. Hausstaubmilbenmännchen sind nämlich besonders heimtückische Vergewaltiger, die sich ihre Weibchen durch Verabreichung von biologischen K.-o.-Tropfen gefügig machen. Dazu versprühen die raffinierten Männchen kurz vor der Paarung einen starken Pheromonduft, der die Weibchen über mehrere Stunden hinweg völlig betäubt. Sobald die Staubmilbenweibchen ins Reich der Träume weggedämmert sind, besteigen die Staubmilbenmänner – wahrhaft keine Gentlemen – die hilflosen Opfer, halten sie mit zwei Saugnäpfen fest und vergewaltigen sie oft stundenlang.

KÖRPERENTGIFTUNG PER HÄUTUNG

Amerikanische Winkerkrabben haben eine ebenso einfache wie geniale Methode entwickelt, giftige Schwermetalle aus ihrem Körper zu entsorgen. Amerikanische Meeresbiologinnen haben bei Untersuchungen an Winkerkrabben, die aus einem stark mit Blei belasteten Gebiet in New Jersey stammten, festgestellt, dass die Krebstiere das Blei bevorzugt in ihrem Chitinpanzer speichern und daher das überschüssige Blei bei ihren regelmäßigen Häutungen relativ einfach entfernen können. Diese Umverteilung der Bleibelastung kostet die Winkerkrabben zwar vermutlich viel Energie, aber der Aufwand ist durchaus gerechtfertigt, wenn man bedenkt, dass Blei zu den starken Umweltgiften gehört und z.B. die Fortpflanzung massiv beeinträchtigen kann.

LANDFLUCHT

In vielen deutschen Städten gehören wilde Tiere mittlerweile zum gewohnten Bild. So sind in Berlins Außenbezirken selbst am helllichten Tag Wildschweine und Füchse zwischen den Plattenbauten zu beobachten, und in Kassel tummeln sich so viele Waschbären, dass die Bürger bereits von einer Plage sprechen. Aber warum verschlägt es Wildtiere in die Stadt? Weil sie schlau sind, lautet die Antwort, denn Wildschwein, Waschbär & Co. verirren sich nicht rein zufällig in die Häuserschluchten; sie haben vielmehr erkannt, dass das Stadtleben so manchen Vorteil mit sich bringt. So bieten etwa die zahlreichen Vorgärten »landflüchtigen« Wildschweinen ein reichliches Nahrungsangebot, während Waschbären und Füchse gern auf den Inhalt von Mülltonnen und Kompostbehältern zurückgreifen. Bequemer als in der Stadt ist der Nahrungserwerb nirgendwo. Und das Stadtleben bietet noch einen weiteren Vorteil: Hier droht den Wildtieren weit weniger Gefahr als auf dem Land, denn in der Stadt werden die Landflüchtlinge nicht bejagt.

LAUTSÄNGER

Finnwale, nach dem Blauwal mit einer Länge von bis zu 25 m die zweitgrößten Tiere der Erde, sind die lautesten Sänger im Tierreich. Die grauen Riesen bringen es auf eine Lautstärke von etwa 188 Dezibel – das entspricht dem Lärm, den ein startender Düsenjäger verursacht. Allerdings singen nur die Männchen, die mit ihren Gesängen in den Tiefen der Weltmeere das Herz eines Weibchens gewinnen wollen. Mit für das menschliche Ohr nicht wahrnehmbaren Tönen im Niederfrequenzbereich – Wissenschaftler sprechen von Infraschall – kann das Männchen mit einer weit über 1000 km entfernten Finnwaldame kommunizieren, da dieser Bereich des Schalls vom Meer kaum absorbiert wird. Einige Forscher vermuten sogar, dass ein männlicher Finnwal im Indischen Ozean per Infraschall locker die Aufmerksamkeit eines Finnwalweibchens im Pazifik erregen könnte. Für die Finnwale ist diese spezielle Art der Kommunikation überlebensnotwendig, denn die Tiere versammeln sich nicht wie andere Wale an speziellen Orten zur Paarung.

LEBEN OHNE KOPF

Bei Schaben, die als Hygiene- und Materialschädlinge einen eher schlechten Ruf genießen, konnten Wissenschaftler bereits vor einigen Jahren eine verblüffende Eigenschaft feststellen: Die bei Menschen so unbeliebten Insekten können länger

als eine Woche ohne Kopf auskommen. Dies lässt sich stark vereinfacht durch die Tatsache erklären, dass sich das Gehirn der Insekten nicht wie bei Wirbeltieren im Kopf befindet, sondern aus einem einfachen Strickleiternervensystem besteht. Lebenslimitierend wirkt sich primär die Tatsache aus, dass den kopfamputierten Schaben ein Mund fehlt, mit dem sie Flüssigkeit aufnehmen können, und die Tiere daher nach einer gewissen Zeit verdursten müssen.

LEUCHTKUGELN

Vampyrotheuthis infernalis, frei übersetzt: Vampirtintenfisch aus der Hölle, lautet der wissenschaftliche Name eines rund 12 cm großen Kraken, der erst 1901 im Rahmen der ersten deutschen Tiefseeexpedition in rund 800 m Tiefe entdeckt wurde. Und diesen außergewöhnlichen Namen trägt der in

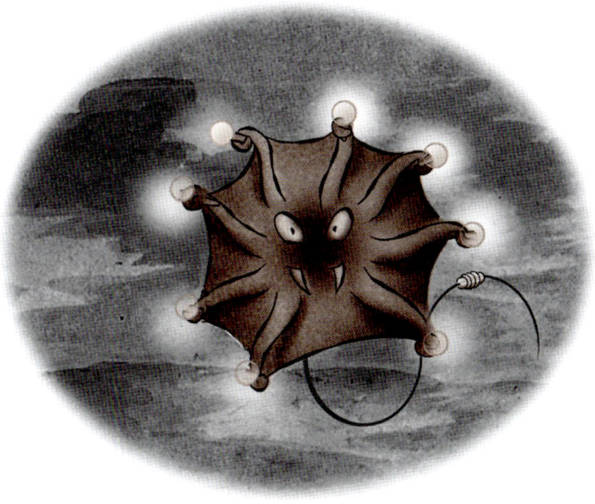

vieler Hinsicht außergewöhnliche Vertreter der Kopffüßer völlig zu Recht, da er, wenn die Häute zwischen seinen Armen aufgespannt sind, tatsächlich wie eine Art mariner Graf Dracula aussieht. Der Körper des Tiefseetintenfischs ist mit zahlreichen Leuchtorganen ausgestattet, in denen der Krake mittels eines chemischen Prozesses, der dem der Glühwürmchen (S. 20) sehr ähnlich ist, im Dunkel der Tiefsee ein kaltes Licht erzeugen kann. Ein Paar dieser Leuchtorgane hat jedoch eine ganz besondere Funktion: Nähert sich ein Fressfeind, kann der Vampirkrake nämlich aus diesen Leuchtorganen gleich eine ganze Wolke blau leuchtender Leuchtpartikel ausstoßen, um den Angreifer zu verwirren. Und da die Leuchtwolke bis zu 10 Minuten bestehen bleibt, hat der Krake mehr als genug Zeit, sich in aller Ruhe in Sicherheit zu bringen. Die Augen des Vampirtintenfisches sind – in Relation zum Körper gesehen – übrigens die größten im Tierreich und machen mit einem Durchmesser von nahezu 2 cm fast ⅙ der Körperlänge aus.

LIEBESLAUBEN IN BLAU

Blau ist eindeutig die Lieblingsfarbe des australischen Seidenlaubenvogels, denn die Männchen des dohlengroßen Vogels haben nicht nur ein samtiges schwarzblaues Gefieder und intensiv leuchtend blaue Augen, sondern sie schmücken auch die sogenannten Liebeslauben, die sie in der Paarungszeit aus Zweigen und Ästen bauen, sorgfältig mit blauen Objekten aller Art. Die kunstvolle Ausstattung der Lauben hat dabei nur ein Ziel: Die holde Weiblichkeit soll beeindruckt werden.
Die Beschaffenheit des Laubenschmuckes ist dem Vogel scheinbar völlig gleichgültig, nur blau muss er sein. So findet man

fernab der Zivilisation an den Lauben blaue Blüten, Schmetterlingsflügel oder Beeren, während Vögel in der Nähe von Siedlungen eher auf Plastikgegenstände wie Wäscheklammern, Trinkhalme oder Becher setzen. Plastik hat für die cleveren Vögel übrigens den nicht zu unterschätzenden Vorteil, dass es viel länger haltbar ist als Gegenstände aus der Natur und daher auch nicht dauernd ausgewechselt werden muss. Manchmal bemalen die »Blaufanatiker« sogar die Wände ihrer Laube. Dazu zerquetschen sie zunächst mit dem Schnabel blaue Beeren und streichen dann den herausgetretenen Saft mit Hilfe eines kleinen Rindenstückes, das als Pinsel dient, an die Zweige. Kaum ist die Laube fertig, beginnen die Männchen in einem stark ritualisierten Balzverhalten laut singend und tanzend auf dem Laubenvorplatz um ein Weibchen zu werben. Interessanterweise wählen Weibchen, die zum ersten oder zweiten Mal brüten, den Partner entsprechend seiner architektonischen Fähigkeiten – sprich nach der Qualität der Laube – aus, während ältere Weibchen eher gute (Balz-)Tänzer bevorzugen.

LIEBESPFEILE

Auch beim Sex haben es die für Ihr »Schneckentempo« bekannten Weinbergschnecken nicht besonders eilig. Allein das Vorspiel der bei Feinschmeckern so beliebten Tiere kann bis zu 20 Stunden andauern. Dabei richten sich die zwittrigen Tiere mit aneinandergelegten Fußsohlen auf und wiegen sich in sanftem Takt hin und her, wobei sie sich zärtlich mit Fühlern und Lippen betasten.

Kurz vor der eigentlichen Paarung ist die Zeit der Zärtlichkeit jedoch vorbei, denn dann stoßen die Schnecken ihrem Partner einen kleinen, etwa 10 mm langen Kalkpfeil, den sogenannten Liebespfeil, in den Fuß. Zunächst wurde von einigen Wissenschaftlern vermutet, bei dem Kalkpfeil handele es sich um eine Art »Hochzeitsgeschenk«, der dem getroffenen Sexualpartner als zusätzliche Kalziumquelle für die Eiproduktion dient. Heute weiß man, das dieser »Liebespfeil« den Vergleich mit den Geschossen des Liebesgottes Amor nicht zu scheuen braucht. Denn der Pfeil besitzt eine stark aphrodisierende Wirkung, durch die die gestochene Schnecke deutlich erregter und sexuell aktiver wird. Nach neuesten wissenschaftlichen Erkenntnissen wird mit dem Liebespfeil zusätzlich ein hormonhaltiger Schleim injiziert, der dazu führt, dass beim getroffenen Partner die weiblichen Fortpflanzungsorgane empfänglicher für die Spermien des Partners werden. Damit bieten sich dem Schützen natürlich bessere Chancen, dass seine Gene zur Fortpflanzung gelangen. Wer bei Schnecken also Vater werden will, sollte also auf jeden Fall ein guter Schütze sein. Das Abfeuern eines Liebespfeiles ist jedoch offensichtlich für eine erfolgreiche Paarung nicht zwangsläufig notwendig, denn Schnecken können pro Woche gerade mal 1 Pfeil produzieren, haben nach Beobachtungen von Wissenschaftlern jedoch viel häufiger Sex.

LIEGESTÜTZE

Mauersegler verbringen sie die meiste Zeit ihres Lebens in der Luft. Die rasanten Flieger trinken, fressen, schlafen und lieben sich sogar in luftiger Höhe (siehe S. 102) Und da bereits der erste Flug nach dem Verlassen des Nests wohl tage- oder gar wochenlang dauert, müssen bereits die Jungvögel den aerodynamischen Anforderungen entsprechen, sprich: kein Übergewicht aufweisen. Dabei sind die jungen Vögel in den ersten Wochen ihres Lebens nur auf eines bedacht: Fressen. Aus eben diesem Grund müssen die jungen Piepmätze vor dem Start ins Leben oft flughinderliche Speckröllchen am Körper verschwinden lassen. Und da hilft nur eins: hartes Training. Nestbeobachtungen zeigen, dass die Jungvögel zu Vorbereitung auf den ersten Flug gleich serienweise regelrechte Liegestütze absolvieren – sie spannen ihre Flügel auf und drücken dadurch ihren ganzen Körper für einige Sekunden in die Höhe. Mit

dieser »Basisübung« stärken die Vögel nach Ansicht von Wissenschaftlern nicht nur die Flugmuskulatur, sondern passen auch ihr Körpergewicht an die Erfordernisse eines Lebens in der Luft an.

LUFTPIRATEN

Die in den Tropen und Subtropen lebenden Fregattvögel verdanken ihren Namen ihrer Vorliebe, andere Vögel im Flug zu attackieren und ihnen noch in der Luft ihre Beute abzujagen: Die Seeleute des Segelschiffzeitalters verglichen die wendigen Vögel nämlich mit Fregatten – schnellen und äußerst manövrierfähigen Kriegsschiffen, die besonders gerne von Piraten bei ihren Überfällen genützt wurden.
Erspähen Fregattvögel auf ihren oft stundenlangen Segelflügen über dem Meer einen anderen Seevogel, überprüfen die diebischen Tiere zunächst einmal, ob sich ein Überfall überhaupt lohnt – sprich ob ihr vermeintliches Opfer Nahrung im Kropf mit sich führt. Fällt diese visuelle Kontrolle positiv aus, stürzen sich die Fregattvögel sofort noch in der Luft auf ihr Opfer. Am häufigsten werden Tölpel attackiert. Aber auch Angriffe auf Seeschwalben, Sturmvögel, Kormorane, Pelikane, Möwen und sogar Fischadler wurden schon beobachtet. Oft bedrängen die wendigen Vögel ihr meist flugtechnisch gesehen hoffnungslos unterlegenes Opfer sogar zu zweit oder zu dritt. Dabei wird der bemitleidenswerte Vogel so lange an Schwanz und Flügeln gezogen, um ihn aus dem Gleichgewicht zu bringen oder gar mit kräftigen Schnabelhieben traktiert, bis er bereit ist, seine Beute aufzugeben. Lässt ein völlig entnervter Vogel dann endlich seine Beute fallen, lassen die gefiederten Luftpiraten sofort von ihren Attacken ab und schnap-

pen sich den eroberten Bissen, bevor er auch nur die Wasseroberfläche berührt. Zur Ehrenrettung der Fregattvögel sei jedoch gesagt, dass die wendigen Vögel lediglich etwa 5% ihrer Nahrung durch diese, von Wissenschaftlern als »Kleptoparasitismus« bezeichnete Luftpiraterie erbeuten, das heißt 95% ihrer Nahrung durch eigenständige Jagd gewinnen.

Mafiamethoden

Der nordamerikanische Kuhstärling scheut selbst vor Mafiamethoden nicht zurück, wenn es darum geht, fremde Kinderstuben zu erobern. Bei den kleinen, dunkel gefärbten Vögeln

handelt es sich um sogenannte Brutparasiten, die, wie unser einheimischer Kuckuck, ihre Eier in die Nester anderer kleiner Singvögel legen, um sie von diesen ausbrüten zu lassen. Schließlich kann man sich mit dieser unfeinen Verhaltensweise eine Menge Arbeit sparen. Werfen die Nestbesitzer das fremde Ei aus dem Nest, nimmt der Kuhstärling allerdings fürchterliche Rache und zerstört das gesamte Gelege der Verweigerer. Wissenschaftler fanden nun heraus, dass die Brutschmarotzer obendrein regelrechte Mafiamethoden einsetzen: So zerstören sie ab und an auch Nester, in die sie nie ein Ei gelegt haben. Nach Ansicht der Forscher ist dieses an Schutzgelderpressung erinnernde Verhalten des Kuhstärlings dafür verantwortlich, dass die »Gasteltern« die untergeschobenen Eier dulden, obwohl sie diese leicht anhand der Farbe und der Größe von den eigenen Eiern unterscheiden und aus dem Nest entfernen könnten. Unter dem Damoklesschwert eines Totalverlustes der Nachkommenschaft stehend, zahlt es sich für die Nestbesitzer eben letztendlich aus, das fremde Ei zu akzeptieren, wollen sie möglichst viel von der eigenen Brut durchbringen.

MAGENMÜHLEN

Wie andere Vögel auch haben Strauße keine Zähne oder andere Kauwerkzeuge, mit denen sie ihre Nahrung zerkleinern können. Im Gegensatz zu den meisten anderen Vögeln fehlt den größten Vögeln der Erde aber zudem ein Kropf, in dem schlecht verdauliche Nahrung aufgeweicht werden kann. Deshalb haben Strauße eine andere Technik entwickelt, um ihre oft harte Nahrung ausreichend zu zerkleinern: Sie schlucken Steine, die in ihrem großen Magen deponiert werden. Mit Hilfe der kräftigen Magenmuskulatur wird die Nahrung dann

im Magen durch die Steine wie in einer Mühle zerkleinert. Bei diesem Prozess sind auch die Steine einer starken Belastung ausgesetzt, denn sie werden nicht nur während des Mahlprozesses abgeschliffen, sondern auch von der aggressiven Magensäure angegriffen. So weiß man, dass z. B. Kalksteine im Straußenmagen bereits in 1 Tag, die Hälfte ihrer Masse einbüßen. Kein Wunder also, dass die riesigen Vögel im Durchschnitt täglich etwa 1,5 kg Steine zu sich nehmen müssen, wenn eine ausreichende Nahrungszerkleinerung gewährleistet sein soll. Sind keine Steine verfügbar, behelfen sich Strauße gerne mit anderen kleinen Gegenständen, die denselben Zweck erfüllen. So wurden in Straußenmägen schon Münzen, Nägel und sogar kleine Konservendosen gefunden.

MAGENSCHUTZ

Der Haubentaucher, die größte unserer heimischen Taucherarten, ernährt sich hauptsächlich vom Fischen. Da die spitzen Fischgräten die zarten Magenschleimhäute erheblich verletzen könnten, fressen die cleveren Vögel vor der Fischmahlzeit eine kräftige Portion der eigenen Flaumfedern, um den Magen schützend auskleiden. Die Feder-Gräten-Klumpen werden dann nach Beendigung der Mahlzeit einfach wieder ausgewürgt. Übrigens verabreichen die Elternvögel bei der Fütterung ihrer Jungen diesen ebenfalls stets Federn, die sie sich vorher ausgerupft haben, um auch ihren Jungtieren den Feder-Magen-Schutz zu gewähren. So hat man einmal bei einer Untersuchung im Magen eines Kükens über 300 Federn der Elterntiere gefunden.

MARATHONSEX

Stabheuschrecken sind Weltrekordhalter in Sachen Dauersex. Die Männchen dieser für den Betrachter so bizarr wirkenden Insekten halten ihre Weibchen nämlich bis zu 10 Wochen in einer Art Dauerumarmung und kopulieren dabei ständig aufs Neue. Und die Herren Stabheuschrecken unterziehen sich und ihre Weibchen dieser gewaltigen Ausdauerleistung nicht ohne Grund: Die Männchen wollen mit dem Marathonsex verhindern, dass auch noch andere Verehrer bei der Dame ihrer Wahl zum Zuge kommen, und versuchen so sicherzustellen, dass nur die eigenen Gene weitergegeben werden.

MARINEFLIEGER

Einige Fische haben sich – wenn auch nur für einen kurzen Zeitraum – den Traum vom Fliegen erfüllt: die sogenannten Fliegenden Fische. Allerdings so ganz »richtig« fliegen, wie etwa ein Vogel, können Fliegende Fische nicht. Die Tiere, die meist in tropischen und subtropischen Gewässern vorkommen, sind aber durchaus in der Lage, für kurze Strecken das Wasser zu verlassen und in einer Art Gleitflug durchschnittlich rund 50 m weit über die Wasseroberfläche zu segeln. Um sich in die Lüfte zu erheben, nehmen die heringsähnlichen Fische zunächst unter Wasser einen gewaltigen Anlauf und katapultieren sich dann mit Hilfe ihrer schnell schlagenden Schwanzflosse in die Luft. Bei guten Windbedingungen können Fliegende Fische dank ihrer speziell angepassten, großen, fächerartigen Brustflossen, die als Gleitsegel dienen, bis zu einer halben Minute in der Luft bleiben und dabei Strecken von mehreren Hundert Metern zurücklegen. Einige Arten weisen auch verlängerte Bauchflossen auf, wodurch der Eindruck entsteht, die Fische besäßen gleich 4 Flügel. Bei einigen »Flügen« wurden Flughöhen von über 5 m beobachtet. Die durchschnittliche Fluggeschwindigkeit beträgt etwa 55 km/h. Gelegentlich fallen die Fische auf die Wasseroberfläche zurück und schlagen dort kurz mit der Schwanzflosse auf, um so noch einmal Schwung zu holen und erneut abzuheben. Fliegende Fische verlassen das Wasser normalerweise nur, wenn sie von Raubfischen verfolgt werden.

MÄUSEMANIPULATOR

Der Erreger der Krankheit Toxoplasmose, der parasitäre Einzeller mit dem wissenschaftlichen Namen *Toxoplasma gondii*, hat einen komplizierten Entwicklungszyklus, der auch einen Wirtswechsel einschließt. Zwischenwirte sind vor allem Mäuse, ab und an aber auch andere Säugetiere oder sogar Menschen. Fortpflanzen kann sich das einzellige Sporentierchen aber nur in seinem Endwirt: einer Katze. Ein vollständiger Entwicklungszyklus gelingt im Regelfall also nur, wenn eine Maus von einer Katze gefressen wird. Da aber Mäuse normalerweise Katzen fürchten wie der Teufel das Weihwasser, hat der kleine Parasit eine raffinierte Strategie entwickelt, um zu gewährleisten, dass die Maus ihre angeborene Scheu vor Katzen verliert und so eine leichte Beute der Samtpfoten wird: Der Einzeller wandert dazu ins Gehirn der Maus und befällt dort das Zentrum, das das Angstverhalten steuert. Hier greift er mit einer Präzision, von der Hirnchirurgen nur träumen können, in bestimmte Hirnfunktionen ein und erreicht damit, dass der Nager auf einmal eine lebensgefährliche Sympathie für Katzen entwickelt. Sucht ein Nager gewöhnlich beim Geruch von Katzenurin schleunigst das Weite, werden hirnmanipulierte Mäuse auf einmal geradezu magisch von Katzenausscheidungen angezogen.

Für einen gesunden Menschen stellt eine Infektion mit *Toxoplasma gondii* normalerweise eine harmlose und folgenlos ausheilende Erkrankung dar, die in der Regel auch ohne jegliche Symptome verläuft. Wird jedoch eine Frau während der Schwangerschaft erstmalig infiziert und hat daher noch keine Antikörper gegen den Erreger gebildet, kann dies zu einer scherwiegenden Schädigung des Fötus führen.

MEER-SCHWEINE

Auf der Südseeinsel Tonga ist die Meersau los. Denn hier haben verwilderte Hausschweine offensichtlich damit begonnen, den Lebensraum Meer für sich zu erobern. Die ansonsten so wasserscheuen Borstentiere durchwühlen nämlich bei Ebbe den Strand, um ihren ansonsten recht eintönigen Speise-

plan mit den dort zu erbeutenden Muscheln und Krebsen um proteinreiche Kost zu ergänzen. Ganz mutige Exemplare entfernen sich sogar weit vom Ufer und versuchen bis zum Bauch im Meer stehend Fische zu erbeuten. Auch die Insulaner sind von den Meer-Schweinen begeistert, denn das Fleisch der »fischenden Schweine« ist angeblich viel schmackhafter als das von gewöhnlichen Hausschweinen.

MINIMÄNNER

Den extremsten Größenunterschied zwischen den Geschlechtern findet man bei den auf dem Meeresboden des Nordatlantik und Mittelmeer lebenden Grünen Igelwürmern: Mit einer Länge von fast 2 m sind die Weibchen dieser Meeresbewohner etwa 1000-mal größer als die Männchen, die es gerade mal auf mickrige 2 mm bringen. Die Minimänner, bei denen einige Organe weitgehend reduziert sind, leben im Uterus des Weibchens, wo ihre einzige Aufgabe im Leben darin besteht, die abgegebenen Eier zu befruchten. Interessant ist auch die umweltabhängige Festlegung des Geschlechts der Meereswürmer: Frisch geschlüpfte Larven entwickeln sich zu einem Weibchen, wenn sie auf den Meeresgrund fallen; dagegen wachsen die Larven, die auf ein weibliches Tier treffen, unter dessen Hormoneinfluss zu einem Männchen heran.

MORGENMUFFEL

Wer kennt das nicht – morgens braucht man eben ein bisschen, um munter zu werden. Es dauert auch eine ganze Weile, bis man so richtig wach im Kopf und für neue Informationen aufnahmefähig ist. Jetzt haben US-amerikanische Wissenschaftler herausgefunden, dass auch Kakerlaken rechte Morgenmuffel sind. Die Forscher von der Vanderbilt University in Nashville stellten nämlich in einer höchst interessanten Untersuchung fest, dass die bei Menschen eher unbeliebten Insekten morgens deutlich schlechter lernen als am Abend. Dazu brachten die Wissenschaftler den gelehrigen Krabbeltieren in einem Experiment bei, Pfefferminzgeruch mit Zuckerwasser und Vanilleduft mit Salzwasser zu assoziieren. Dazu hielten sie ihren Versuchstieren ein Papier vor den Kopf, das Vanilleduft ausströmte, und träufelte ihnen gleichzeitig etwas Salzwasser in den Mund. Alternativ durften die Insekten an einem mit Pfefferminz getränktem Tuch schnüffeln und bekamen dazu Zuckerwasser verabreicht. Obwohl Kakerlaken eigentlich der Vanilleduft lieber ist, bevorzugten sie nach einer Weile den Geruch von Pfefferminz. Sie hatten also gelernt, den eher unangenehmen Geruch mit der Belohnung durch Zuckerwasser zu verbinden. Der Lernprozess funktionierte aber nur zu bestimmten Tageszeiten. Übten die Insekten am Abend, konnten sie sich auch 2 Tage später noch an das Gelernte erinnern. Wurde der »Unterricht« jedoch am frühen Morgen erteilt, war der Lernerfolg eher bescheiden. Zu dieser frühen Tageszeit hatten die Kakerlaken den erlernten Zusammenhang zwischen Pfefferminzgeruch und Zuckerwasser bereits nach 5 Minuten wieder vergessen. Die Lernfähigkeit der Insekten hängt damit offensichtlich von ihrer biologischen Uhr ab.

MUSKELPROTZ

Das stärkste Tier der Welt ist – im Verhältnis zu seiner Größe gesehen – eine winzige blinde Hornmilbe aus den Tropen.

Zwei Wissenschaftler der Universität Tübingen haben vor Kurzem herausgefunden, dass die kleinen Spinnentiere, die auf den wissenschaftlichen Namen *Archegozetes longisetosus* hören, bei einer Körpergröße von noch nicht einmal 1 mm und einem Gewicht von gerade mal 1/10.000 g fast das 1200-Fache des eigenen Körpergewichtes halten können. Die Forscher ermittelten diesen erstaunlichen Wert in einem interessanten Experiment, in dem sie maßen, wie stark sie an einer Milbe, die sich mit ihren kräftigen Klauen an einem künstlichen Laborboden festhielt, ziehen mussten, um sie vom Boden zu lösen. Um eine vergleichbare Leistung zu erbringen, müsste ein Mensch ein Gewicht von rund 84 Tonnen halten können – das entspricht in etwa dem, was 17 Elefanten auf die Waage bringen.

MUTTERSCHAFTSURLAUB

Die Schwangerschaft ist bei den Seepferdchen Männersache. Die Weibchen produzieren zwar die Eier, spritzen diese dann jedoch nach einem ausgiebigen und romantischen Balztanz im Morgengrauen in eine spezielle Brusttasche des Männchens, wo sie von diesem dann besamt werden. Nachdem die Weibchen ihrem Liebhaber die Eier also sozusagen untergeschoben haben, verziehen sie sich fix in einen nicht so ganz verdienten Mutterschaftsurlaub. Im Innern der Tasche werden die befruchteten Eier dann von einem speziellen Gewebe umwachsen, das die Ernährung und die Atmung der Embryonen regelt. Nach einer »Tragezeit« von 2–3 Wochen wachsen in der Brusttasche dann – je nach Art – zwischen 50 und 1500 (!) kleine Seepferdchen heran, die später vom Vater in einem fast weiblich anmutenden »Gebärakt« unter großen Anstrengungen in das Meer entlassen werden.

Nachtsänger

Heutzutage hat man es als Singvogel in der Großstadt schwer, denn der städtische Lärm ist gewaltig: Motoren von Fahrzeugen aller Art brummen, Bremsen quietschen, Presslufthämmer rattern und Kinder schreien, um nur einige Lärmquellen zu nennen. Und gegen eine solche Geräuschkulisse soll ein kleiner Piepmatz ansingen? Es ist jedoch für die kleinen Sänger lebensnotwendig, dass ihr Gezwitscher auch deutlich zu vernehmen ist, denn nur mit Hilfe ihrer Gesangseinlagen können sie Sexualpartner anlocken oder ihr Territorium markieren. Untersuchungen von britischen Wissenschaftlern zufolge haben Rotkehlchen eine clevere Lösung gefunden, um nicht ständig gegen den gewaltigen Lärmpegel des städtischen Alltags ansingen zu müssen: Sie verlegen ihre Gesangsstunden in die Nachtstunden, in denen es naturgemäß in der Stadt deut-

lich ruhiger zugeht. Nach Ansicht von Ornithologen bringt der nächtliche Gesang jedoch auch Nachteile mit sich, denn durch die durchwachten Nächte verbrauchen die eigentlich tagaktiven Piepmätze deutlich mehr Energie und haben dadurch einen gesteigerten Nahrungsbedarf.

NÄHKUNST

Der in Süd- und Südostasien verbreitete Schneidervogel verdankt seinen Namen der Tatsache, dass er bei seinem Nestbau große Baumblätter wie eine Tüte zusammenfügt, diese dann am Rand mit seinem spitzen Schnabel durchlöchert und sie anschließend mit Spinnweben oder Pflanzenfasern regelrecht zu einem Nest zusammennäht. Als Nähnadel dient dem »schneidernden« Vogel dabei ebenfalls der spitze Schnabel. Das so entstandene tütenförmige Nest muss dann nur noch der Bequemlichkeit halber mit Tierhaaren oder anderem weichen Material ausgepolstert werden.

NASENSCHUTZ

Schweizer Wissenschaftler haben herausgefunden, dass Werkzeuggebrauch im Tierreich keineswegs den Primaten und Vögeln vorbehalten ist (siehe S. 89), sondern dass auch Delfine Werkzeuge benutzen – und das, obwohl ihnen weder Hände noch ein Schnabel zur Verfügung stehen. Die cleveren Meeressäuger lösen nämlich Schwämme vom Meeresboden ab und stülpen sie sich über die Schnauze, um so ihr empfindliches Maul bei der Futtersuche am Meeresboden zu schützen. Allerdings konnte dieses auffällige Verhalten bisher nur bei der

Delfinpopulation in der »Shark Bay« an der Küste Westaustraliens beobachtet werden und auch nur bei gerade mal 30 von 3000 Tieren. Interessanterweise waren es fast ausschließlich Weibchen, die zum Schwamm griffen. Die Wissenschaftler vermuten daher, dass die »Futtersuche mit Schwamm« ein relativ neu erlerntes Verhalten ist, dass wahrscheinlich im Regelfall von den Müttern an die Töchter weitergegeben wird.

NEBELTRINKER

Onymacris unguicularis lautet die wissenschaftliche Bezeichnung eines kleinen Schwarzkäfers, der in der lebensfeindlichen Namibwüste im Südwesten Afrikas zu Hause ist. Bei den Eingeborenen ist der rund 2 cm große, flügellose Käfer dagegen unter dem Namen Kopfstandkäfer oder Nebeltrinker bekannt. Dieser Käfer lebt die meiste Zeit eingegraben im Sand, um sich zum einen tagsüber vor der glühenden Hitze zu schützen und zum anderen nicht den oft in der Wüste herrschenden bitterkalten Nachttemperaturen ausgesetzt zu sein. Um an Wasser zu kommen, das in der Namib, in der es nur alle paar Jahre einmal regnet, wirklich Mangelware ist, hat sich der kleine Wüstenbewohner einen besonderen Trick einfallen lassen: Er holt sich das lebensnotwendige Nass einfach aus dem Nebel. Dazu kommt der Käfer in der Morgendämmerung an die Oberfläche und klettert auf den Kamm einer Sanddüne. Dort hebt er in einer Art Kopfstand das Hinterteil an, damit der Morgennebel auf seinem relativ kühlen Körper kondensiert und die so gewonnenen Wassertröpfchen nach unten in seinen Mund rinnen. Das aufgenommene Wasser speichert der Käfer in einem speziellen Hohlraum unter den Flügeldecken. Untersuchungen haben gezeigt, dass die mit dem

»Kopfstandtrick« in 1 Nacht aufgenommene Wassermenge bis zu 34% des Körpergewichts der Käfer betragen kann. Zum Vergleich: Um die gleiche Speicherleistung zu erbringen, müsste ein etwa 70 kg schwerer Mensch etwa 24 Liter Wasser in seinem Körper unterbringen.
Auch die wurmförmigen Käferlarven haben eine – wenngleich für uns Menschen etwas unappetitlich anmutende – Methode entwickelt, um mit Hilfe des Nebels ihren Durst zu stillen: Sie »trinken« den Nebel einfach mit dem After. Möglich machen dieses Phänomen spezielle Zellen im Mastdarm, die einen außergewöhnlich hohen Salzgehalt aufweisen und deshalb, aufgrund des hohen osmotischen Drucks, in der Lage sind, den Wasserdampf durch ihre Zellmembran regelrecht einzusaugen. Auf die gleiche Art und Weise entziehen diese »Saugzellen« auch noch den Fäkalien das Wasser und sorgen so dafür, dass die Larven so wenig wie möglich von dem kostbaren Nass verlieren.

NUSSKNACKER

Walnüsse sind die absolute Lieblingsnahrung japanischer Rabenkrähen. Unglücklicherweise können diese die harte Schale der Nüsse mit ihrem Schnabel jedoch nicht knacken. Aber die cleveren Vögel wissen sich zu helfen: In Städten warten sie an Straßenkreuzungen darauf, dass Fahrzeuge an der Ampel anhalten. In der Rotphase der Ampel legen sie dann Walnüsse vor die Reifen der Autos – um kurz darauf die von den Fahrzeugen geknackten Nüsse genüsslich zu verzehren. Kein Wunder, dass Krähen auf einer von Wissenschaftlern erstellten IQ-Rangordnung der Vögel den 1. Platz einnehmen. Offensichtlich handelt es sich bei ihnen sozusagen um die Einsteins

unter den Vögeln. Kolkraben sind übrigens ebenfalls gefiederte Intelligenzbestien: So hat man in den USA beobachtet, dass die großen Rabenvögel Hirschknochen auf Eisenbahnschienen legten und geduldig die Durchfahrt eines Zuges abwarteten, um danach das Mark aus vom Zug zerquetschten Knochen zu picken.

Original und Fälschung

Nicht nur bei Menschen, auch bei vielen Tieren schrillen die Alarmglocken, wenn eine Wespe im Anflug ist. Denn vom Giftstachel des Insekts mit der charakteristischen schwarzgelben Streifung gestochen zu werden, ist eine schmerzhafte Erfahrung, die man nur ungern wiederholen möchte. Gerade die insektenfressenden Vögel machen deshalb meist einen großen Bogen um alles, was auch nur im Entferntesten einer

Wespe ähnlich sieht. Deshalb versuchen viele andere Insekten, vom schlechten Image der Wespen zu profitieren, und haben sich ein schwarz-gelbes Tarnkleid zugelegt. Allein in Mitteleuropa gibt es über 300 Insektenarten, darunter Schwebfliegen, Widderbock, Hornissenglasflügler und Bienenwolf, die sich Fressfeinde mit einem entsprechend gefärbten Outfit vom Leibe zu halten versuchen. Die Nachahmung eines wehrhaften oder ungenießbaren Tieres durch harmlose Tiere zur Täuschung von Feinden wird von Biologen als Mimikry bezeichnet. Allerdings kann aus dem vermeintlichen Vorteil der Mimikry manchmal auch ein todbringender Nachteil werden. So ist sicherlich schon so manche harmlose Schwebfliege Opfer von panisch um sich schlagenden Menschen geworden, weil diese das harmlose Insekt mit einer Wespe verwechselt hatten.

OSCARVERDÄCHTIG

Würde auch im Tierreich ein Oscar für die beste schauspielerische Leistung verliehen, wäre die Kubanische Zwergboa mit Sicherheit eine heiße Anwärterin auf diese Trophäe. Niemand kann nämlich so perfekt eine Leiche darstellen wie diese bis zu 1 m große Schlange, die in Mittel- und Südamerika zu Hause ist. Bei ihrer Darbietung als »tote Schlange« legt die Zwergboa großen Wert aufs Detail: Zunächst einmal rollt sie sich zu einem leblosen Knäuel zusammen, um dem geneigten Betrachter zu suggerieren, die Totenstarre sei bereits eingetreten. Gleichzeitig verströmt sie eine nach Aas riechende Flüssigkeit, die vortäuschen soll, ihr Fleisch sei bereits am Verwesen. Als Krönung ihrer Vorstellung lässt die Schlange dann auch noch einige spezielle Blutäderchen platzen, mit der Folge, dass sie aus Mund und Nase blutet und ihre Augen rot anlaufen. Nach dieser schauspielerischen Glanzleistung ist selbst der letzte Fressfeind der Zwergboa davon überzeugt, es hier mit einer Schlange zu tun zu haben, die schon längere Zeit tot ist, und verzichtet auf den Verzehr der »Leiche«.

Penisfechter

Die gerade mal 6 cm großen Strudelwürmer der Art *Pseudoceros bifurcus* liefern sich Fechtduelle, deren Kunst und Intensität selbst Alexandre Dumas' drei Musketiere vor Neid erblassen lassen würde. Dabei sind nicht Säbel oder Degen die Waffen der Wahl der prächtig gefärbten Bewohner des australischen Great-Barrier-Riffs, sondern – man höre und staune – ihre Penisse. Bei den »Sexgefechten« versuchen die Kontrahenten, dem »Gegner« die eigenen Spermien unter die Haut zu stechen, eine eigene Besamung jedoch zu verhindern. Das bizarre Hauen und Stechen der zwittrigen Tiere kann bis zu 1 Stunde andauern und ist erst dann beendet, wenn es dem Sieger gelingt, sein Sperma erfolgreich zu übertragen. Der Verlierer behält eine ernsthafte Verletzung zurück, die oft längere Zeit zum Ausheilen benötigt. Aber warum ist es für die Würmer eigentlich so wichtig, genau wie beim »richtigen« Fechten zwar zu treffen, aber bitte ohne selbst getroffen zu werden? Ganz einfach: Der Sieger gibt seine Gene weiter, ohne verletzt zu werden, und der Verlierer hat auch noch die Last mit der energetisch kostspieligen Eierproduktion.

Pistolenduell

An diesem Krebschen hätte auch der berühmteste aller Westernhelden, der legendäre John Wayne, seine helle Freude gehabt, denn der Colt sitzt äußerst locker beim gerade mal 5 cm großen Pistolenkrebs, einem zu den Garnelen gehörenden Bewohner tropischer Korallenriffe. Mutter Natur hat den kleinen Kerl nämlich mit einer speziellen »Pistolenschere« ausgerüstet, mit der er seiner Umgebung das Fürchten lehren kann. Dank einer speziellen Muskelanordnung vermag der Krebs die vergleichsweise riesige Spezialschere mit einer Geschwindigkeit von nahezu 100 km/h zusammenschnellen zu lassen. Dabei wird durch eine Art Spritzpistolenlauf ein scharfer Wasserstrahl ausgestoßen, in dem sich eine etwa 3 mm große sogenannte Kavitationsblase bildet, die mit lautem Knall implodiert. Dieser Knall, der eine Lautstärke von bis zu 240 Dezibel erreichen kann, würde an Land locker das Getöse eines startenden Düsenjägers übertönen. Die Scherenpistole dient in erster Linie dem Beutefang, denn mit dem Knall können durchaus kleinere Fische, Garnelen oder Würmer betäubt werden. So hat ein kanadisches Forscherteams einmal beobachtet, wie ein Pistolenkrebs sich mit der linken – »normalen« – Schere blitzschnell einen gleich großen Korallenfisch packte und ihm dann mit der Pistolenschere solange aufgesetzte Kopfschüsse verpasste, bis sich sein Opfer nicht mehr regte. Auch gegen unliebsame Rivalen wird die Pistolenschere gerne eingesetzt. In knallenden Duellen nach Wildwestmanier wird die Rangordnung in der Welt der Krebse regelrecht ausgeschossen. Dabei halten die Kombattanten jedoch einen strengen Sicherheitsabstand ein, denn bei den Gefechten unter Artgenossen geht es nicht darum, den Gegner zu verletzen oder gar zu töten, sondern anhand der Lautstärke des Knalls und der Größe des abgefeuerten Wasserstrahls herauszufinden, wer den größeren Colt und damit in der Krebshierarchie das Sagen hat.

PROSTITUTION

Bei weiblichen Adeliepinguinen sind Kieselsteinchen so heiß begehrt, dass sie sich im Austausch für die Steinchen sogar fremden Männern hingeben – sie lassen sich also für Sex bezahlen. Die Pinguindamen benötigen die Steinchen dringend für ihren Nestbau, damit sich ihre Eier bei einsetzendem Tauwetter nicht plötzlich in einer großen Pfütze eiskalten Wassers wiederfinden. Doch Kieselsteinchen sind in der Antarktis, der Heimat der kleinen Frackträger, nur sehr schwer zu beschaffen und daher ein kostbares Gut. Adeliepinguine leben in Brutpaaren, und normalerweise ist es die Aufgabe des Ehemanns, die Steinchen herbeizuschaffen. Ist dieser aber nicht in der Lage, genügend Steinchen zu besorgen, bieten die Pinguindamen ihre Liebesdienste bevorzugt Pinguinjunggesellen an, die ihnen diese sexuelle Dienstleistung allerdings mit Steinchen vergelten müssen. Nach dem Akt kehren die Pinguinfrauen mit dem Nistmaterial, aber wohl ohne Reue zu ihren Ehemännern zurück. In Sachen Pinguinprostitution haben

Wissenschaftler in letzter Zeit eine interessante Entwicklung beobachtet: Bei den Pinguindamen gibt es vermehrt regelrechte Beischlafbetrügerinnen, die zwar durch aufreizendes Schwanzwedeln von ihren Freiern Steinchen kassieren, ihnen jedoch dann das bereits »bezahlte« Schäferstündchen verweigern.

REVOLVERGEBISS

Im Gegensatz zu uns Menschen brauchen Haie keine Dritten Zähne, denn die ihren wachsen immer wieder nach. Für die Räuber der Meere ist ein körpereigener Zahnersatz freilich auch extrem wichtig, denn bei den zahlreichen Beißattacken gehen immer wieder Zähne verloren. So verbraucht etwa ein ausgewachsener Tigerhai pro Jahr rund 140 seiner rasiermesserscharfen Zähne.
Und so funktioniert der wundersame Zahnersatz: In einem sogenannten Revolvergebiss liegen mehrere Zahnreihen als Reserve übereinander und können sich fortlaufend ersetzen. Die Zähne »wandern« einfach während ihres Wachstums nach vorn und richten sich infolge der mechanischen Spannung langsam auf, bis sie schließlich vollständig einsatzfähig sind. Ein genetisches Programm sorgt aus Stammzellen im Kiefer bei Bedarf stets für Ersatz. Im 1. Lebensjahr mancher Haiarten gibt es so alle 8 bis 14 Tage neue Zähne.

RIESENHOCHHÄUSER

Die Wohnhügel von Termiten, die in Afrika eine Höhe von 7 m und am Sockel einen Umfang von bis zu 28 m erreichen kön-

nen, sind Meisterwerke höchster Ingenieurskunst. Die Insektenbauwerken lassen im Vergleich selbst unsere Wolkenkratzer eher bescheiden wirken: So ist – proportional gesehen – ein 7 m hoher Termitenwohnturm etwa 4-mal so groß wie das New Yorker Empire State Building. Und auch die Innenausstattung der großen Bauten, die hauptsächlich aus Ton oder Lehm bestehen und eine große Festigkeit aufweisen, ist vom Allerfeinsten. Im Inneren wird der Wohnturm nämlich durch Zwischenböden in mehrere Stockwerke mit zahlreichen Räumen für die unterschiedlichsten Zwecke unterteilt, die ihrerseits durch ein raffiniertes System von Rampen und kleine Gängen miteinander verbunden sind. Zur Haustechnik gehört auch ein ausgeklügeltes Belüftungssystem, das dafür sorgt, dass die Termitenkolonie ständig mit frischem Sauerstoff versorgt wird.

RÜCKWÄRTSFLIEGER

Kolibris sind die kleinsten und leichtesten Vögel der Welt. Je nach Art bringen die Minipiepmätze gerade mal zwischen 2 und 20 g auf die Waage – das ist weniger als ein Standardbrief. Und damit nicht genug: Die winzigen Vögel mit dem meist farbenprächtig schillernden Federkleid sind obendrein

die besten Flugkünstler unter den Vögeln. Möglich macht dies ihr enorm schneller Flügelschlag von bis zu 90 Schlägen pro Sekunde.
Doch nicht allein die Schnelligkeit der winzigen bunten Vögel ist bemerkenswert, sondern auch ihre enorme Wendigkeit: Kolibris können im Gegensatz zu allen anderen Vögeln nicht nur auf der Stelle fliegen, sondern auch vor- und rückwärts, seitwärts, auf- und abwärts und sogar auf dem Rücken! Dieser sogenannte Schwirrflug der Kolibris ist freilich extrem energieaufwendig, und die erforderliche notwendige Sauerstoffversorgung der kleinen Vögel kann nur durch einige physiologische Anpassungen wie ein stark vergrößertes Herz und eine Herzschlagfrequenz von bis zu 1300 Schlägen pro Minute sichergestellt werden.

Safer sex

In Sachen Fortpflanzung setzen Springschwänze klar auf »safer sex«. Kein Irrtum, denn die Samenübertragung erfolgt bei diesen zu den sogenannten Urinsekten zählenden Tieren nämlich auf indirektem Weg: Die Männchen der flügellosen Insekten, die ihren eigentümlichen Namen der charakteristische Sprunggabel auf der Unterseite des Körpers verdanken, setzen dazu zunächst einmal rundliche, oft gestielte Spermienpakete (»Spermatophoren«) auf dem Boden ab – bei einigen Springschwanzarten produziert 1 einziges Männchen bis zu 300 Stück. Und mit der Ablage ist die Angelegenheit für das Springschwanzmännchen noch längst nicht erledigt, gilt es doch, die »Haltbarkeit« der abgesetzten Spermatophoren ständig zu überprüfen. Entdeckt ein Springschwanzmännchen, dass ein

Samenpaket sein Verfallsdatum überschritten hat, wird es einfach aufgefressen und durch ein neues Paket ersetzt.
Bei einigen Springschwanzarten ist der Sex völlig anonym: Die Männchen setzen ihre gestielten Samenpakete nämlich ohne Anwesenheit eines Weibchens am Boden ab. Die abgelegten Pakete werden dann von eher zufällig vorbeikommenden Weibchen anhand ihrer speziellen Duftnote als solche identifiziert und mit der Geschlechtöffnung aufgenommen. Aber nicht bei allen Springschwanzarten geht es beim Sex so völlig unpersönlich zu. Im Gegenteil: Bei zahlreichen Spezies finden vor der eigentlichen Begattung oft komplizierte tanzartige Liebesrituale statt, im Laufe derer die Springschwanzherren die Dame ihres Herzens zielsicher über eine Spermatophore bugsieren. So besitzen z. B. die Männchen des gerade mal 0,7 mm großen Kugelspringers (eines Springschwanzes, der auf der Wasseroberfläche von Stillgewässern lebt) zu Greiforganen umgebildete Antennen, mit denen sie das deutlich größere Weibchen packen und es nach einem oft Stunden andauernden »Liebestänzchen« über die zuvor abgelegte Spermatophore ziehen.

SCHEINEINGANG

Die afrikanische Kapbeutelmeise schützt ihr Nest durch eine besonders raffinierte Bauweise davor, von Fressfeinden geplündert zu werden. Das Nest, das in etwa die Form einer alten aufgehängten Socke aufweist, hat nämlich gleich zwei Eingänge: einen Scheineingang – ein leeres Loch, das nicht weiterführt, – und den richtigen Eingang, der aus einem gut getarnten schmalen Spalt besteht, der kaum zu entdecken ist und durch den sich der kleine Vogel selbst gerade noch durch-

zwängen kann. Nähert sich nun ein beutesuchendes Reptil wie beispielsweise eine Baumschlange dem Nest, dann trifft sie naheliegenderweise zuerst auf den falschen Eingang. Sie kriecht hinein, findet nichts und glaubt daher, auf ein bereits leeres Nest gestoßen zu sein; auf eine genauere Untersuchung wird in den allermeisten Fällen verzichtet.

SCHIENBEINOHREN

Die Ohren liegen im Tierreich keineswegs bei allen Arten zwangsläufig am Kopf. Bei Grillen und anderen Laubheuschreckenarten findet man die Hörorgane z. B. an den Schienbeinen der Vorderbeine. Die Bein-Schallsinnesorgane, mit denen die Grillen ihren zirpenden Artgenossen lauschen können, werden in Wissenschaftlerkreisen als Tympanalorgane

bezeichnet und kommen stets paarig vor. Diese doppelte Ausführung ist von großer Bedeutung für das Richtungshören bei allen Lebewesen.

SCHLAF IM FLUG

Bei Mauerseglern spielt sich nahezu alles in der Luft ab. Kein anderes Lebewesen verbringt auch nur annähernd so viel Zeit seines Lebens im Flug wie diese Vögel, die mit Spitzengeschwindigkeiten von bis zu 200 km/h zu den schnellsten Tieren überhaupt gehören. Rund 90 % ihrer Lebenszeit befinden sich die eleganten Flieger in der Luft. Mauersegler fressen, trinken und schlafen sogar im Flug. Nicht einmal für die »schönste Sache der Welt« suchen Mauersegler den Boden auf, denn auch die Paarung der gefiederten Flugakrobaten findet in der Luft statt. Der Luftraum wird lediglich zum Brüten und zur Aufzucht des Nachwuchses verlassen.

SCHILDKRÖTENVERFOLGUNG

Die Seychellen-Dajaldrossel, die zu den seltensten Vögeln der Welt gehört, hat auf den nähstoffarmen Granitböden der Seychellen kein leichtes Auskommen. Dort sind nämlich Insekten und andere Beutetiere Mangelware. Aus diesem Grund hat der rund 25 cm große Singvogel eine ganz ungewöhnliche Strategie entwickelt, um nicht ständig am Hungertuch zu nagen: Er spannt die ebenfalls auf den Seychellen lebenden Riesenschildkröten als Hilfskräfte bei der Nahrungssuche ein. Die Vogel folgen den gepanzerten Kolossen auf Schritt und Tritt und warten einfach, bis diese im Sand beziehungsweise unter dem Laub Grillen, Ameisen oder Käfer aufscheuchen – und schon finden die cleveren Piepmätze einen reichlich gedeckten Tisch vor. Übrigens war die Seychellen-Dajaldrossel noch vor etwa 200 Jahren auf den Seychellen-Inseln Aride, Cousin, Cousine und Frégate weit verbreitet. Dann brachte die rigorose Rodung der Inselwälder zusammen mit der Einfuhr von Katzen und der Einschleppung von Ratten den Vogel an den Rand der Ausrottung. 1960 gab es auf der winzigen Insel Frégate gerade noch 10 Brutpaare. Nur durch ein äußerst aufwendiges und konsequentes Rettungsprogramm verschiedener Vogelschutzorganisationen konnte die Individuenzahl des seltenen Vogels wieder auf heute immerhin 150 Exemplare erhöht werden.

SCHNABELKOMPASS

Schon lange vermuteten Wissenschaftler, dass Zugvögel in der Lage sind, mit einer Art »Siebtem Sinn« das Magnetfeld der Erde zu registrieren und als Navigationshilfe bei Flügen über weite Distanzen zu nutzen. Wie das funktioniert, war aber

lange ungeklärt. Ein Frankfurter Forscherteam hat jetzt mittels Elektronenmikroskopie herausgefunden, dass im oberen Teil des Schnabels nur wenige Mikrometer große Kristalle des eisenhaltigen Minerals Magnetit eingelagert sind, die quasi als »Nadel« eines »eingebauten Kompasses« dienen, mit dessen Hilfe die Vögel ausgezeichnet navigieren können. Die hochsensiblen Magnetkristalle sind über den Trigeminusnerv mit dem Gehirn verbunden und zeigen so dem Vogel die Richtung an, in die er gerade fliegt. Die Wissenschaftler konnten die Funktionsfähigkeit der Magnetitschnäbel auch mit einer ganzen Reihe von Verhaltensexperimenten unter Beweis stellen: So schnitten z. B. Tauben, bei denen man den »inneren Kompass« betäubt oder mit einem Magneten außer Kraft gesetzt hatte, bei Orientierungsexperimenten deutlich schlechter ab als ihre nicht manipulierten Artgenossen.
Seit Kurzem interessiert sich auch die Nanotechnologie verstärkt für die winzigen Magnetitteilchen, da man hofft, diese für Datenspeichertechniken oder eine gezielte Medikamentenapplikation einsetzen zu können.

SCHNABELTHERMOMETER

Auch australische Thermometerhühner haben in ihrem Schnabel ein Instrument der besonderen Art, das sie zu ihrem Vorteil einsetzen. Diese Tiere halten nämlich nichts davon, ihre Eier selbst auszubrüten. Die nötige Brutwärme zu erzeugen, überlassen die zu den Großfußhühner gehörenden, etwa 55 cm großen Vögel lieber der Sonne und chemischen Gärungsprozessen. Dazu legen die Hühner ihre Eier in zuvor vom Hahn in mühevoller Kleinarbeit aus Reisig, Blättern und Rinde errichtete Bruthügel ab. Diese Bruthügel können bis 1,5 m hoch

und 4,5 m breit sein. Durch die Fäulniswärme, die bei den Verrottungsprozessen des Komposts entsteht, und durch die Sonneneinstrahlung wird im Hügel Wärme erzeugt. Um die Temperatur im Bruthügel konstant auf idealen 33 °C zu halten, messen die Hühner monatelang jeden Tag die Temperatur mit einem speziellen Sinnesorgan im Schnabelbereich und regulieren sie entsprechend, indem sie den Hügel je nach Bedarf vergrößern oder verkleinern. An der Brutpflege sind beide Geschlechter beteiligt. Die Jungvögel graben sich nach dem Schlüpfen im Herbst ins Freie.

SCHNAPSDROSSELN

Wissenschaftler der Universität Frankfurt haben herausgefunden, dass Stare und andere Singvögel wie z. B. Amseln und Drosseln wesentlich trinkfester sind als wir Menschen. Der

Grund für diese verblüffende Tatsache hängt mit dem Enzym Alkoholdehydrogenase zusammen, das im Körper für den Alkoholabbau verantwortlich ist. Dieses Enzym kommt bei Staren in rund 14-fach höherer Konzentration vor als in Menschen. Wären die Vögel genauso groß und schwer wie wir Menschen, könnten sie zumindest theoretisch alle 8 Minuten eine Flasche Wein trinken, ohne davon betrunken zu werden. Nach Ansicht der Wissenschaftler handelt es sich bei der guten Alkoholverträglichkeit um eine Präadaption der Evolution, die es den Piepmätzen ermöglichen soll, alkoholhaltige Nahrung wie vergorenes Obst zu verzehren, ohne gleich die Kontrolle über ihre Flugbahn zu verlieren.

SCHRITTZÄHLER

Es ist schon seit Längerem bekannt, dass Wüstenameisen bei der Rückkehr zu ihrem Nest polarisiertes Licht als Navigationshilfe verwenden und sich an der wechselnden Sonneneinstrahlung orientieren. Die Lichtverhältnisse liefern den kleinen Krabbeltieren allerdings nur Hinweise auf die einzuschlagende Richtung; wie aber bestimmen die Ameisen im strukturlosen Wüstengelände die genaue Entfernung zum Nest? Ein Team aus Zürcher und Ulmer Wissenschaftlern hat vor Kurzem die Lösung dieses Rätsels gefunden: Ameisen können zählen – und zwar bei Weitem nicht nur bis drei. Sie messen Entfernungen nämlich mit ihren Schritten. Belegt wurde diese verblüffende Tatsache durch ein ungewöhnliches Experiment: Einer Gruppe Ameisen verlängerten die Wissenschaftler die Beine mit Stelzen aus Schweineborsten, sodass die Tiere längere Schritte machten als normal. Als Folge der künstlichen Beinverlängerung marschierten die Ameisen prompt an ihrem Ziel vorbei. Mitgliedern einer anderen Ameisengruppe wurde dagegen ein Stück ihrer Beine amputiert. Dadurch waren die auf den Beinstümpfen laufenden Tiere gezwungen, kürzere Schritte zu machen, und begannen daher zu früh, ihr Nest zu suchen. Aus dieser Versuchsreihe folgerten die Wissenschaftler, dass die Ameisen die Schritte während des Hinwegs gezählt hatten und auf dem Rückweg einfach dieselbe Anzahl in entgegengesetzter Richtung laufen, um zu ihrem Ausgangspunkt zurückzukehren. Die manipulierten Wüstenameisen gewöhnten sich übrigens bereits nach wenigen Tagen an ihre »neuen Beine« und lernten schnell, die zurückgelegte Distanz wieder richtig einschätzen.

SCHUTZTRUPPE

Weil man als Baum vor blattfressenden Schädlingen wie Käfern, Raupen oder Blattläusen nicht weglaufen kann, halten sich die tropischen Macaranga-Bäume eine eigene Ameisenschutztruppe. Die Bäume bieten bestimmten Ameisenarten nicht nur spezielle Hohlräume in Stamm und Ästen, die die Ameisen als gut geschützte Nistplätze nutzen können, sondern stellen den kleinen Insekten in Form von selbst produzierten kleinen eiweiß- und fettreichen Futterkörperchen auch eine wichtige Nahrungsquelle zur Verfügung. Die Ameisen revanchieren sich für dieses umfangreiche Serviceangebot bei ihren Gastgebern mit dem Schutz vor Fraßfeinden. So schlagen die kleinen Baum-Bodyguards nicht nur gefräßige Insekten aller Art durch wütende Attacken in die Flucht, sondern entfernen auch prophylaktisch Pilzsporen und Insekteneier.

SELBSTAMPUTATION

Wie viele Reptilien können auch Eidechsen bei Gefahr – etwa Bedrohung durch einen Fressfeind – ihren Schwanz abwerfen. Dieser bewegt sich dann dank intakter Nerven und Muskeln noch bis zu 20 Minuten heftig weiter und lenkt so den Räuber von seiner eigentlichen Beute ab, die den Zeitgewinn zur Flucht nützen und sich in Sicherheit bringen kann.
Und so funktioniert, was Wissenschaftler als (Schwanz-)Autotomie bezeichnen: Die Eidechsen haben in den Schwanzwirbeln – ab dem 6. Wirbel abwärts – sogenannte Sollbruchstellen. An diesen Stellen ist das Binde- und Muskelgewebe so schwach ausgeprägt, dass sich die Echse durch eine kurze, kräftige Kontraktion der Ringmuskulatur ihres Schwanzes in beliebiger Länge entledigen kann. Der Schwanz wächst später dann wieder mehr oder weniger gut nach. Der regenerierte Schwanz ist jedoch ganz klar ein Körperteil zweiter Klasse, denn bei ihm ist das Stützelement lediglich ein ungegliederter Knorpelstab, dem Sollbruchstellen fehlen. Bei Gefahr kann die Eidechse den Schwanz daher nur noch an höher gelegenen Wirbeln kappen. Zudem ist der »Ersatzschwanz« meist nicht so farbenfroh und prächtig wie das Original, was bei Männchen zu einem geringeren sozialen Status und damit verbundenen Paarungsnachteilen führt.

SELBSTMEDIKATION I

Auch unter Affen gibt es Apotheker. So ist seit Längerem bekannt, dass kranke Schimpansen das bittere Mark bestimmter Bäume fressen, um quälende Darmparasiten loszuwerden, während Gorillas bestimmte Pflanzen zerkauen und

den Brei auf ihre Wunden spucken, damit diese schneller heilen.

Jetzt haben Japanische Wissenschaftler entdeckt, dass weibliche Larvensifakas – eine Lemurenart, die im Kirindy-Nationalpark Madagaskars zu Hause ist – eine überaus aktive und auch effektive Schwangerschaftsvorsorge durch Selbstmedikation betreiben. So beginnen die Halbaffenfrauen wenige Wochen vor der Geburt, größere Mengen bitterer Pflanzenblätter zu fressen, die besonders reich am Gerbstoff Tannin sind. Diese Substanz wird auch gerne von Tiermedizinern eingesetzt, um Fehlgeburten vorzubeugen. Und die bitteren Blätter helfen tatsächlich: Die Lemurenweibchen erleiden deutlich weniger Fehlgeburten als Affenfrauen, die keine Selbstmedikation vorgenommen haben.

SELBSTMEDIKATION II

Schafe sind offensichtlich deutlich klüger, als uns das ihr Ruf als vermeintlich »dummes Schaf« vorgaukeln will. Zumindest in Sachen Gesundheitsvorsorge sind die vierbeinigen Wollelieferanten nämlich äußerst lernfähig: Amerikanische Wissenschaftler konnten in einem aufsehenerregenden Experiment zeigen, dass Schafe sich ganz gezielt das Medikament aussuchen, das ihr Leiden am besten heilt. Die Forscher hatten die Schafe zunächst milden Giftstoffen ausgesetzt, die bei den Tieren ein leichtes Unwohlsein hervorriefen, und ihnen dann 3 verschiedene Heilmittel zur Selbstmedikation angeboten, von denen allerdings nur eines die Tiere wieder gesund machte. Als man 5 Monate später die Schafe erneut den gleichen Giftstoffen aussetzte, wählten die Tiere gezielt das Mittel, das ihnen beim ersten Test geholfen hatte – ein Lerneffekt war also nicht ausgeblieben.

SELBSTMORD AUF BEFEHL

Vor Kurzem sind Wissenschaftler der Universität Bonn der höchst raffinierten Fortpflanzungsstrategie eines besonders skrupellosen Parasiten auf die Spur gekommen. Damit sich der kleine Wurm mit dem nahezu unaussprechlichen wissenschaftlichen Namen *Pomphorhynchus laevis* fortpflanzen kann, treibt er seinen Wirt nämlich gezielt in den Selbstmord. Sein Larvenstadium verbringt der Miniwurm in der Leibeshöhle eines Flohkrebses. Um sich zu einem geschlechtsreifen Tier entwickeln zu können, muss jedoch ein zweiter Wirt her – ein Fisch, etwa ein Flussbarsch. Der Wurm muss also den Wirt wechseln, will er sich vermehren. Um dies möglichst

effektiv zu gewährleisten, programmiert der Wurm den Flohkrebs um, d. h. er beeinflusst dessen Geruchssinn dergestalt, dass der Krebs seine natürlichen Fressfeinde nicht mehr erkennt und den Fischen direkt ins Maul und damit in den sicheren Tod schwimmt. Die Bonner Wissenschaftler vermuten, dass *Pomphorhynchus laevis* dies durch Manipulation der Ausschüttung des Neurotransmitters Serotonin im Gehirn des Bachflohkrebses gelingt. Der Fisch frisst jedenfalls den Krebs samt Wurmlarve, die Larve entwickelt sich zum erwachsenen Wurm, der Fisch scheidet mit seinem Kot Wurmeier ins Wasser aus, und diese werden von Flohkrebsen gefressen – womit der Entwicklungszyklus wieder geschlossen wäre.

SELBSTMORDBOMBEN

Kohlblattläuse leben oftmals in Kolonien, die aus mehreren Hundert Individuen bestehen. Jetzt haben britische und norwegische Wissenschaftler herausgefunden, dass einzelne Blattläuse die Kolonie mit hausgemachten chemischen Waffen gegen Fressfeinde äußerst effektiv verteidigen können, auch wenn das direkt attackierte Insekt bei dieser Verteidigungsstrategie sein Leben opfern muss. Die Läuse verwandeln sich nämlich zur Verteidigung in regelrechte lebende Senföl-Giftbomben. Zur Herstellung des Senföls nehmen sie aus den Kohlpflanzen sogenannte Glucosinolate auf, die sie in ihrem Blut anreichern. In ihren Muskeln produzieren die Läuse zudem ein Enzym namens Myrosinase, das durch den Biss eines Fressfeindes, z. B. einer Marienkäferlarve, freigesetzt wird. Die Myrosinase wandelt dann die eigentlich harmlosen Glucosinolate in einer heftigen chemischen Reaktion in giftiges Senföl um, das den Angreifer tötet oder zumindest verletzt.

SEXUALKANNIBALISMUS I

Die angeblich so männermordenden Gottesanbeterinnen sind besser als ihr Ruf. Lediglich bei einer Handvoll der rund 1500 weltweit bekannten Gottesanbeterinnenarten – und auch hier nur in Gefangenschaft oder wenn das Weibchen einen sehr leeren Magen hat – kommt das vor, was Wissenschaftler als »sexuellen Kannibalismus« bezeichnen, nämlich, dass die Weibchen die Männchen nach oder auch schon während des Geschlechtaktes verzehren. Im Freiland gelingt es den Männchen meist, nach der oft mehrere Stunden andauernden Paarung die Flucht zu ergreifen. Manchmal ist jedoch zu beobachten, dass dem Männchen noch während des Sex der Kopf abgebissen wird. Erstaunlicherweise sind jedoch die kopflosen Männchen in der Lage, den Akt weiter zu vollziehen, da sich die Nervenzentren, die die Kopulationsbewegungen steuern, ausnahmslos im Hinterleib befinden. In Gottesanbeterinnen-

Kreisen kann man eben auch kopflos Vater werden. Dass die Weibchen von diesem etwas außergewöhnlichen »Dinner for one« profitieren, ist klar. Schließlich erhalten sie zu einem wirklich günstigen Zeitpunkt einen hochwertigen Nährstoffcocktail, der es ihnen ermöglicht, mehr Eier zu legen als eine Artgenossin, die freundlicherweise darauf verzichtet hat, ihren Liebhaber zu verzehren.

SEXUALKANNIBALISMUS II

Die Weibchen der Schwarzen Witwe sind dafür bekannt, dass sie schon während der Paarung damit beginnen, sich ihren Liebhaber munden zu lassen. Bei der »down under«-Version der Schwarzen Witwe, der sogenannten Rotrückenspinne, geht diese Verhaltensweise – in der Wissenschaft gerne als

»Sexualkannibalismus« bezeichnet – sogar noch ein ganzes Stück weiter: Hier bietet sich das deutlich kleinere Männchen dem Weibchen während des Aktes regelrecht zum Verzehr an. Dazu platziert es während der Paarung aus einer Art Kopfstand heraus seinen empfindlichen Hinterleib bissgerecht direkt vor den Mundwerkzeugen des Weibchens. Und das lässt sich dieses schmackhafte Angebot natürlich nicht entgehen, sondern beißt herzhaft zu, injiziert anschließend Verdauungsenzyme in die entstandene Bisswunde und beginnt damit, die vorverdauten Körperteile des Männchens genüsslich aufzuschlürfen. Das Männchen erträgt diese Tortur aus evolutionstechnischen Gründen ohne mit der Wimper zu zucken, denn solange das Weibchen mit der Mahlzeit beschäftigt ist, so lange ist es auch bereit, die Strapazen der Paarung über sich ergehen zu lassen. Dies ermöglicht wiederum dem Liebhaber, möglichst viel Sperma abzugeben, was dessen Chance, Vater zu werden – d. h. seine Gene an die Nachkommenschaft weiterzugeben –, drastisch erhöht.
Für die Männchen ist es dabei auch noch ungemein wichtig, bei der Dame ihres Herzens gleich 2-mal zum Zuge zu kommen. Die Schwarzen Witwen besitzen nämlich 2 Samentaschen, die nacheinander befüllt werden können. Und dazu ist mehr als 1 Akt notwendig, denn nur durch eine 2-fache Kopulation ist gewährleistet, dass für Rivalen kein »Spermienspeicherplatz« mehr vorhanden ist. Um dieses Ziel zu verwirklichen, greifen die Spinnenmänner zu einem genialen, aber auch schmerzintensiven Trick: Sie schnüren vor der Paarung mit Hilfe ihrer starken Bauchmuskulatur einfach ihren Unterleib ein. Dank dieses Kunstkniffs werden wichtige Organe sozusagen von hinten nach vorne geschoben und damit dem Biss der hungrigen Weibchen entzogen, wodurch das Männchen seine Verletzungen in Grenzen hält und somit noch eine 2. Ko-

pulationschance erhält. Und dies wiederum steigert die Wahrscheinlichkeit einer alleinigen Vaterschaft ganz erheblich.

SITTENSTROLCHE

Im Sommer 2007 kam es im Dorf Nachu in Zentralkenia zu zahlreichen Diebstählen in Tateinheit mit schwerer sexueller Belästigung. Bei den diebischen Sittenstrolchen handelte es sich jedoch keineswegs um Menschen, sondern um eine Horde Trockennasenaffen der Gattung *Chlorocebus*, um Grüne Meerkatzen also. Diese Affen fielen in Nachu allmorgendlich über die Felder der Farmer her und fraßen dort alles, was sie in ihre diebischen Finger bekamen. Wollten die Bäuerinnen, die in dem Dorf traditionell für Felder und Ernte verantwortlich sind, die Affen vertreiben, schlugen diese mit sexuellen Attacken der übelsten Art zurück: So berichtete eine Bäuerin der BBC: »Die Affen grabschen nach den Brüsten und gestikulieren in unsere Richtung, während sie auf ihre besten Teile zeigen.« Gegenmaßnahmen der derart belästigten Frauen fruchteten wenig: Eine Verkleidung als Mann durchschauten die Affen sofort, und ein aggressiveres Vorgehen beantworteten die tierischen Sittenstrolche sofort mit Steinwürfen, offensichtlich wohl wissend, dass sie – unter dem Schutz der kenianischen Naturschutzbehörde stehend – nicht abgeschossen werden dürfen. Der Fall der obszönen Affen wurde sogar im kenianischen Parlament diskutiert, da einige weibliche Abgeordnete forderten, dem schamlosen Treiben der Affen behördlicherseits ein Ende zu setzen. Allerdings wurde der Wunsch nach einem energischen Einschreiten gegen die »Macho-Affen« vom männlich dominierten Parlament mit allerlei spöttischen und ironischen Bemerkungen über die »Vorliebe« der Affen für die Frauen zurückgewiesen.

SKLAVENHALTER

Sklaverei gibt es in Mitteleuropa noch im 21. Jahrhundert – wenn auch nur unter Ameisen. Als besonders berüchtigte Sklavenhalterin gilt dabei die Braune Raubknotenameise. Die befruchteten Königinnen dieser Art dringen in die Nester bestimmter anderer Ameisenarten ein, sorgen dort durch die gezielte Abgabe von Pheromonen zunächst für ein heilloses Durcheinander und töten dann mit ihren scherenartigen Mundwerkzeugen die fremde Königin und alle Arbeiterinnen.

Lediglich die größeren Larven sowie die Puppen werden am Leben gelassen, um nach dem Schlüpfen ihr Leben als Sklaven zu fristen. Diese sogenannten Hilfsameisen müssen dann nicht nur die Brut der fremden Königin aufziehen, sondern auch nahezu alle anderen anfallenden Arbeiten im und am Bau übernehmen. Wissenschaftler bezeichnen dieses Verhalten, zu dem die Raubknotenameise aus Überlebensgründen allerdings gleichsam gezwungen wird, da sie keine eigenständige Nestgründung vollziehen kann, übrigens etwas beschönigend als Sozialparasitismus.

SONNENBRILLE

Schon die alten Römer wussten, dass farbiges Glas die Augen vor grellem Licht schützen kann. So berichtet der römische Historiker Plinius, dass Kaiser Nero die Kämpfe der Gladiatoren stets durch grüne Smaragde verfolgte, um seine Augen nicht dem hellen Sonnenlicht aussetzen zu müssen. Fische jagende Seevögel wie etwa Möwen oder Seeschwalben haben jedoch bereits viele Millionen Jahre vor der Erfindung dieser antiken Sonnenbrille einen Weg entwickelt, ihre sehr empfindlichen Augen zu schützen: Die Netzhaut dieser Vögel enthält nämlich winzige Tropfen eines rötlichen Öls, die die ins Auge dringende Strahlung filtern und dabei nur wenig blaues Licht durchlassen. So verringert diese »körpereigene Sonnenbrille« die Blendkraft des von der Wasseroberfläche reflektierten Sonnenlichts, ohne die lebensnotwendige Fähigkeit zu reduzieren, Fische direkt unter der Oberfläche erkennen zu können.

SONNENSCHUTZMITTEL

»Nilpferde schwitzen Blut.« So deuteten die alten Griechen auf ihren Afrikaexpeditionen die eigentümliche Sekretion einer roten Flüssigkeit auf größeren Hautpartien der grauen Kolosse. Dieser Irrglaube hielt sich über Jahrhunderte, denn angesichts der allseits bekannten Aversion der Giganten gegen unerwünschte Annäherungsversuche brachte offensichtlich niemand den Mut auf, eine Probe der roten Substanz zu nehmen, um genauer feststellen zu können, um was es sich dabei in Wirklichkeit handelt. Heute weiß man, dass das, was aus den Poren der Riesen mit den kleinen Ohren nach außen dringt, weder Blut noch Schweiß im strengen Sinne ist, sondern eine Mixtur aus 2 Pigmenten, die zum einen Licht absorbiert und zum anderen Bakterien abtötet. Im Prinzip also eine antibakterielle Sonnencreme mit hohem Lichtschutzfaktor, die es den Nilpferden nicht nur ermöglicht, die pralle Sonne

Afrikas ohne Sonnenbrand zu überstehen, sondern die zugleich auch einen wirksamen Schutz gegen lauernde Infektionen bietet.

SOZIALER WOHNUNGSBAU

Die im südlichen Afrika beheimateten Siedelweber sind sogenannte Koloniebrüter, die riesige Gemeinschaftsnester in Bäumen und Telefonmasten errichten. Diese Nester, die an einen Heuhaufen erinnern und die Größe einer Zweizimmerwohnung erreichen können, bieten oft mehr als 100 Brutpaaren Obdach, wobei die Pärchen jeweils separate Kammern bewohnen. In den gewaltigen Bauten finden sich zudem regelmäßig »Untermieter« ein, denn unbewohnte Nester werden – natürlich mietfrei – auch von Prachtfinken, kleinen Papageien und Zwergfalken sowie von Eidechsen und Schlangen genutzt. Sozialen Wohnungsbau gibt es eben auch in der Vogelwelt.

SPEERJAGD

Es ist schon längere Zeit bekannt, dass Menschenaffen beim Nahrungserwerb Hilfsmittel einsetzen, z.B. mit langen Stöcken nach Ameisen und Termiten angeln oder harte Nüsse mit Steinen knacken. Jetzt aber haben amerikanische Forscher bei einer Schimpansenkolonie in der senegalesischen Region Fongoli einen besonders brutalen und blutrünstigen Werkzeuggebrauch entdeckt: Die Menschenaffen gehen nämlich oft auf die Jagd nach sogenannten Buschbabys, einer kleinen Halbaffenart, und versuchen, ihre schlafenden, da nachtaktiven

Opfer mit selbstangefertigten Speeren in deren Schlafhöhlen zu erstechen. Entdecken die Schimpansen auf ihren Streifzügen in einer Baumhöhle ein schlafendes Buschbaby, beginnen sie sofort mit der Herstellung eines Speeres, die in mehreren Schritten abläuft: Zunächst brechen sie einen Zweig von einem Baum ab, um danach sorgfältig Seitenäste und Blätter zu entfernen, und spitzen die Waffe dann mit Hilfe ihrer Schneidezähne an einem Ende an. Anschließend rammen sie den Speer mehrmals heftig in die zuvor ausgemachte Höhle hinein, mit dem Ziel, das Buschbaby zu verletzen und damit bewegungsunfähig zu machen. Eine clevere Strategie, denn unbewaffnet hätten die Schimpansen kaum eine Chance, die bekannt flinken Halbaffen zu erbeuten. Nach Ansicht von Wissenschaftlern erfordert das Anfertigen eines solchen Speeres ein recht hohes Intelligenzniveau, das man bisher zwar frühen Verwandten des Menschen, etwa dem Urmenschen *Australopithecus*, aber eigentlich keinem Menschenaffen zugebilligt hatte.

SPEZIALKÖDER

Orcas sind bereits seit Langem für ihre ausgeklügelten Jagdstrategien bekannt. Was steht nicht alles auf dem Speisezettel der äußerst intelligenten Meeressäuger: Fische, Tintenfische, Robben, andere Walarten, Pinguine, Eisbären, sogar einen ausgewachsenen Elch entdeckte man einmal im Magen eines sogenannten Killerwals. Jetzt haben amerikanische Forscher in einem Großaquarium im kanadischen Niagara Falls beobachtet, dass dort ein Killerwal herausgefunden hat, wie sich mit einem besonders raffinierten Trick sogar Möwen erbeuten lassen. Als Erstes lockt er die gefräßigen Meeresvögel in seine

Nähe, indem er anverdauten Fisch auf die Wasseroberfläche spuckt. Sobald eine Möwe die vermeintlich leichte Beute greifen will, wird sie vom dicht unter der Wasseroberfläche lauernden Orca gepackt und verschlungen. Mittlerweile hat der Wal das neu erworbene Wissen an seinen Halbbruder weitergegeben. Ein solches »kulturelles« Lernen hat man auch bei frei lebenden Delfinen an der Westküste Australiens beobachtet, die sich gegenseitig beibrachten, wie sie bei der Nahrungssuche am Meeresgrund ihre Nasen mit Schwämmen schützen können (siehe S. 86). Die beiden vogelfressenden Orcas erbeuten mit ihrem neu erworbenen Jagdtrick übrigens immerhin etwa 3–4 Möwen pro Tag.

SPRUNGKRAFTVERSTÄRKER

Den Weltrekord im Hochsprung wie auch im Weitsprung im Tierreich halten jeweils die Flöhe. So können diese winzigen Insekten bei einer Körperlänge von 1,5 mm erstaunliche 35 cm weit und 20 cm hoch hüpfen. Wollte ein Mensch eine proportional zu seiner Körpergröße vergleichbare Leistung erbringen, müsste er 400 m weit und 270 m hoch springen. Er wäre also locker in der Lage, mit einem einzigen Satz den Petersdom in Rom zu überspringen.

Das Geheimnis dieser gewaltigen Sprungkraft liegt nicht nur in der stark ausgeprägten Muskulatur der extrem kräftigen Hinterbeine der Flöhe. Mit Muskelkraft allein könnten die Winzlinge nämlich niemals so weit und so hoch hüpfen. Vielmehr besitzen die Tiere in den Beinen zusätzlich noch sogenannte Resilinpolster. Resilin ist ein elastisches, fast gummiartiges Protein, das in hohem Maße Energie speichern und diese

dann mit einen Schlag in Form von Bewegungsenergie freisetzen kann. Vor dem Sprung wird das Resilin im Flohhüftgelenk ähnlich wie ein Bogen gespannt. Beim Absprung wird dann die gespeicherte Energie freigesetzt und katapultiert den Floh in luftige Höhen.

STATUSSYMBOL

Während die Weibchen der Winkerkrabben wie alle anderen Krabbenarten auch 2 völlig normale Essscheren haben, ist beim Männchen dieser tropischen Krebstiere 1 Zange gewaltig vergrößert – viel zu groß, um damit Futter aufnehmen zu können. Das riesige Greifgerät, das fast die Hälfte des Körpergewichts ausmacht, dient allein der Balz: Was für Menschenmänner ein Porsche oder eine Uhr der Marke Rolex ist, ist für männliche Winkerkrabben ihre überdimensionierte Schere – ein Statussymbol. Denn wenn Winkerkrabben winken, haben sie nur eins im Sinn – Sex. Durch das namensgebende Winken mit dem meist farbenprächtigen Statussymbol soll nämlich die Damenwelt beeindruckt werden, und je imposanter die Schere, desto höher ist offensichtlich in der Tat der Fortpflanzungserfolg.
Erhört ein Weibchen den unermüdlichen Winker, folgt es ihm in seine Höhle. Allerdings sind die Chancen des Männchens auf Sex auch jetzt noch eher bescheiden, denn die Weibchen »testen« bis zu 100 Herren, bevor sie sich entscheiden, wem sie sich hingeben. Das wichtigste Auswahlkriterium in dieser Phase der Partnerfindung ist nun allerdings nicht mehr Größe oder Aussehen des Männchens, sondern seine handwerklichen Fähigkeiten, d. h. die Qualität der Wohnhöhle, die es während der Paarungszeit angelegt hat. Und hier geht den Damen Sicherheit über alles. Es kommt der künftigen Mutter nicht so

sehr auf die Größe der Höhle, sondern vor allem auf die Größe der Höhlenöffnung an; schließlich gewährleitstet nur eine ausreichend große Öffnung der Nisthöhle ein rasches Entkommen des Nachwuchses, sollte Gefahr durch einen Fressfeind drohen.

STEPPTANZ

Um die Dame ihres Herzens zu beeindrucken, haben sich die Männchen der amerikanischen Springspinnenart Habronattus dossenus wirklich etwas ganz Besonderes einfallen lassen: Sie führen ihrer Angebeteten eine Stepptanzdarbietung vor, die selbst den legendären Fred Astaire beeindruckt hätte. Die kleinen Krabbeltiere erzeugen nämlich in äußerst komplexen tänzerischen Darbietungen mit Hilfe von stampfenden, trommelnden und kratzenden Bewegungen ihrer Beine sowie durch rhythmisches Auf-den-Boden-Schlagen ihres Hinterleibs Vibrationen, die von ihrer weibliche Zuhörerschaft mit speziellen Sinnesorganen an den Beinen wahrgenommen werden und bei Gefallen Paarungsbereitschaft auslösen. Über eine ausreichende Kondition verfügen die kleinen Stepptänzer allemal, dauern die Tanzbietungen, die übrigens auch menschliche Ohren vernehmen können, im Extremfall doch bis zu 45 Minuten an.

STRASSENBAUTRUPP

Tropische Ameisen der Art *Eciton burchellii* sind sich im Dienste der Allgemeinheit für wirklich nichts zu schade. Bei diesen zu den sogenannten Wanderameisen zählenden Insekten, die sich in riesigen Heerscharen von bis zu 200.000 Individuen auf ihre berüchtigten Raubzüge begeben, ist Geschwindigkeit beim Nahrungstransport von entscheidender Bedeutung. Schließlich gilt es, die Beute möglichst schnell ins heimische Nest zu bringen, um dort die hungrigen Artgenossen mit Nahrung zu versorgen. Jedes Kind weiß: Je ebener eine Transportstrecke, desto schneller kann die Beute transportiert werden. Deshalb stopfen einige der Ameisen »Schlaglöcher« auf dem Weg mit dem eigenen Körper, damit ihre beutetragenden Artgenossen auf der so geglätteten Straße schneller vorankommen. Ist eine Unebenheit für eine einzige Ameise zu groß, tun sich mehrere Tiere zusammen, um das Loch sozusagen im Verbund zu schließen. Sobald sie ihre Aufgabe erfüllt haben, krabbeln die kleinen »Lückenfüller« wieder aus den Löchern und folgen ihren Nestgenossen auf dem Weg nach Hause.

SUPERFROSTTIERE

Bärtierchen, die ihren Namen ihrem tonnenförmigen Körper und ihren Stummelbeinchen verdanken, können selbst Temperaturen weit unterhalb des Gefrierpunktes spielend ertragen. Die winzigen primitiven Tiere können der Kälte deshalb so erfolgreich trotzen, weil sie sich in einen sogenannten Kryptobiosezustand versetzen, in dem sie ihren Wassergehalt von 86 % auf 3 % reduzieren. Der Stoffwechsel kommt unter diesen Bedingungen natürlich vollständig zum Erliegen.
Diese Fähigkeit erlaubt den Bärtierchen z. B. eine Besiedelung von Arktis und Antarktis sowie des Hochgebirges, also Regionen, in denen die Umgebungstemperaturen regelmäßig weit unter den Gefrierpunkt fallen. So übersteht etwa die Unterart

Echiniscus sigismundi groenlandicus locker 6–8 Monate eingefroren im Eis. Unter Laborbedingungen konnten die kleinen Überlebenskünstler in ihrem Trockenzustand 20 Monate lang in flüssiger Luft bei schier unfassbaren –194 °C überleben, und in flüssigem Helium haben die unverwüstlichen Tiere sogar eine Temperatur von –269 °C, also sehr nahe am absoluten Nullpunkt, 8 Stunden lang unbeschadet überdauert.

SUPERHIRN

Bis vor kurzem ging die Wissenschaft davon aus, dass Tiere hinsichtlich ihrer kognitiven Fähigkeiten den Menschen klar unterlegen sind. Eine vor kurzem an der Universität Kyoto durchgeführte Studie zeigte jedoch, dass diese These offenbar nicht immer gilt. Die japanischen Forscher fanden nämlich heraus, dass junge Schimpansen ein wesentlich besseres Zahlengedächtnis haben als Universitätsstudenten. In der Studie traten 9 Stu-

denten gegen 6 Schimpansen (drei Müttern mit ihren im Jahr 2000 geborenen Jungen) zum Gedächtniswettstreit an.
Zunächst einmal mussten die Schimpansen allerdings die einstelligen arabischen Zahlen pauken und lernen, diese in aufsteigender Reihenfolge zu sortieren. Im eigentlichen Versuch wurden den menschlichen und tierischen Probanden an einem Bildschirm unterschiedliche Zahlenmuster gezeigt. Die Zahlen tauchten dabei in äußerst kurzen Zeitintervallen von wenigen Zehntelsekunden auf dem Bildschirm auf. Dann wurden die Zahlen ausgeblendet und Testpersonen und -primaten mussten die zuvor eingeblendete Reihenfolge auf einem Bildschirm eintippen. Das Ergebnis des Versuchs war eindeutig: Sowohl was die Geschwindigkeit, als auch was die Genauigkeit betrifft, ließen zumindest die jungen Schimpansen die Studenten weit hinter sich.

SUPERSCHLÄFER

Der Schlafbeutler macht seinem Namen alle Ehre, hält das gerade mal mausgroße australische Beuteltier doch den Weltrekord im Dauerwinterschlaf. In einem Versuch im Schlaflabor der University of New England überwinterten Schlafbeutler im Schnitt rund 310 Tage, 1 Exemplar brachte es unter diesen »Ideal«-Bedigungen sogar auf ein volles Jahr. Zum Vergleich: Ein Igel hält ein Winterschläfchen von etwa 100 Tagen, und selbst der für seinen langen Winterschlaf berühmte Siebenschläfer schafft bestenfalls ein Nickerchen von 200 Tagen. Während des Schlafes fahren die Schlafbeutler ihren Energieumsatz auf 1/20 des üblichen Wertes herunter und zehren von den üppigen Fettreserven in ihrem Schwanz. Beim australischen Rekordversuch ließen die Wissenschaftler die Tiere sich zunächst einmal richtig den Wanst vollschlagen, um die körpereigenen Energiedepots bis zum Rand aufzufüllen, und veranlassten die Tiere dann durch Manipulation der Umweltbedingungen zum Einschlafen. Die australischen Forscher vermuten, dass ihre Fähigkeit zum »Superschlaf« es Schlafbeutlern in der freien Natur ermöglicht, selbst extrem lang anhaltende nahrungsarme Zeiten zu überstehen.

Taubstummensprache

Die in einer privaten amerikanischen Forschungseinrichtung lebende Gorilladame Koko vermag sich mit Hilfe einer ursprünglich für amerikanische Taubstumme entwickelten Zeichensprache ganz ausgezeichnet mit Menschen zu verständigen. Bereits mit 2 Jahren lernte das Gorillamädchen erste Sätze zu bilden und beherrscht mittlerweile über 1000 unterschiedliche Zeichen der Gebärdensprache. Die Kommunikation per Zeichensprache kommt Menschenaffen sehr entgegen, da sie auch in ihrer natürlichen Umgebung Hände und Finger zur Verständigung untereinander mit großem Geschick einsetzen. Und über was »redet« Koko am liebsten? Lieblingsthema der mittlerweile schon in die Jahre gekommenen Gorilladame ist klar das Essen: So wünscht sie sich von ihren Betreuern auf Nachfrage zu Festtagen schon mal Süßigkeiten oder Äpfel. Und auch in Notfällen weiß sich die kluge Gorillalady zu helfen. So zeigte sie ihrem Pflegepersonal per Gebärdensprache an, als sie von Zahnschmerzen geplagt wurde, und konnte sogar die Intensität der Schmerzen auf einer Skala von 1 bis 10 einordnen. In schwierigen Fällen behilft sich Koko mit Metaphern wie »Pferd-Tiger« für Zebra oder »Elefantenbaby« für eine langnasige Pinocchiopuppe.

TAUCHERGLOCKE

Als einzige der rund 35.000 Spinnenart, die es weltweit gibt, hat es die Wasserspinne geschafft, die Unterwasserwelt des Süßwassers zu erobern. Die in den langsam fließenden und stehenden Gewässern Mitteleuropas vorkommende Spinnenart verbringt sogar fast ihr gesamtes Leben unter Wasser – und zwar dank einer selbst gebauten, mit Luft gefüllten Taucherglocke. Zum Bau dieser Taucherglocke webt die Spinne unter Wasser zunächst einmal eine Art Teppich, dessen Ecken sie an Stängeln oder Blättern von Wasserpflanzen befestigt. Nun folgt die Befüllung mit Luft. Dazu begibt sich die Spinne an die Wasseroberfläche, streckt ihre Hinterbeine und den größten Teil des Hinterleibs aus dem Wasser und taucht dann ruckartig wieder unter. Auf diese Weise transportiert sie beim Abtauchen eine Luftblase, die sich zwischen den Haaren und den

Beinen verfangen hat und den Hinterleib silbrig glänzend umschließt, zu ihrer künftigen Unterwasserbehausung. Dort schiebt sie die Luftblase unter den selbst gesponnenen »Teppich«, der sich daraufhin zur Wasseroberfläche hin kuppelförmig auswölbt. So entsteht nach und nach eine luftgefüllte, geräumige »Wohnglocke«.

In dieser außergewöhnlichen Unterwasserbehausung spielt sich fast das gesamte Alltagsleben der Spinne ab: Hier lauert sie auf Beutetiere, hier frisst sie, hier hat sie sogar Sex. Den Sauerstoffvorrat in der Glocke muss sie allerdings in regelmäßigen Abständen erneuern. Die Wasserspinne ist übrigens eine der wenigen Arten Mitteleuropas, deren Biss auch für den Menschen schmerzhaft ist. Leider ist diese so interessante Spinnenart bei uns selten geworden und wird deshalb auf der sogenannten Roten Liste in Deutschland als stark gefährdet eingestuft.

TÄUSCHUNG IM KOLLEKTIV

Kooperation kann eine mächtige Waffe sein. Deshalb arbeiten die Larven des im Südwesten der USA heimischen parasitären Ölkäfers *Meloe franciscanus* in einer im Tierreich einzigartigen Weise eng zusammen, um in das Nest ihres Wirtstieres, der solitären Biene *Habropoda pallida* zu gelangen, wo sie sich dann genüsslich durchfuttern und zu einem erwachsenen Käfer entwickeln. Eine wichtige Rolle in der Beziehung Ölkäfer-Bienen spielt die Pflanze *Astragalus lentiginosus*, die den Bienen als Nektarquelle dient, während sich die erwachsenen Käfer bevorzugt von ihren Blättern ernähren. Das Ölkäferweibchen legt seine Eier nämlich stets an der Basis dieser »Futterpflanze« ab.

Sind die Ölkäferlarven aus den Eiern geschlüpft, beginnt ein außergewöhnliches Schauspiel: Frei nach dem Motto »Nur gemeinsam sind wir stark« rotten sich mehrere Hundert Käferlarven zu einem Aggregat zusammen, das in Form und Farbe, aber auch Bewegung verblüffend an eine weibliche Biene erinnert. Mit diesem spektakulären Gruppentrick soll ein kopulationswilliges Männchen angelockt werden, das den Larven als erstes Transportmittel zum gewünschten Ziel dient. Doch die visuelle Täuschung der Ölkäferlarven alleine würde nicht ausreichen, um eine männliche Biene herbeizuholen, und so ahmt das Larvenkollektiv auch gleich noch den Sexuallockstoff eines Bienenweibchens nach, um den Bienenmann zur gewünschten Pseudokopulation zu verführen. Fällt dann ein sexhungriges Bienenmännchen auf die »Trojanische Biene« rein und nimmt Körperkontakt mit dem vermeintlichen Weibchen auf, hängt sich das gesamte Käferlarvenknäuel in nur 1–2 Sekunden an den Hinterleib des Männchens. Sobald das larvenbepackte Bienenmännchen dann auf ein echtes Weibchen trifft, wechseln die Larven innerhalb weniger Sekunden das Transportmittel und steigen auf das Weibchen um. Fliegt das Bienenweibchen dann so »beladen« zu seinem Nest, haben die Ölkäferlarven ihr Endziel erreicht. Hier können sich die Brutparasiten nach Herzenslust mit den Nahrungsvorräten, aber auch den Eiern ihrer Wirtstiere den Bauch vollschlagen. Die Larven entwickeln sich im Bienennest zu erwachsenen Käfern, die nach der Paarung das Nest verlassen und ihre Eier wiederum an einer *Astragalus-lentiginosus*-Pflanze in der Umgebung ablegen.

THERMOVERTEIDIGUNG

Wird eine einzelne Biene von einer Hornisse angegriffen, hat sie gegen das körperlich weit überlegene Raubinsekt nicht den Hauch einer Chance. Selbst ein Einsatz des ansonsten so gefürchteten Bienenstachels nutzt der angegriffenen Honigsammlerin so gut wie nichts, denn der Chitinpanzer der Hornisse ist viel zu dick, um von diesem Stechinstrument durchbohrt zu werden. Steht eine in einen Bienenstock eingedrungene Hornisse dort allerdings gleich einem ganzen Bienenschwarm gegenüber, sieht die Sache ganz anders aus, denn nach dem Motto »gemeinsam sind wir stark« haben Bienen diverse Verteidigungsstrategien entwickelt, um die Eindringlinge zu bekämpfen. So weiß man z. B., dass asiatische Bienen mit ihren Körpern einfach ein dichtes Knäuel um die Hornisse bilden und dadurch die Körpertemperatur des Raubinsekts so lange stetig erhöhen, bis dieses den Hitzetod erleidet. In der einschlägigen wissenschaftlichen Fachliteratur wird diese

ungewöhnliche, aber sehr erfolgreiche Taktik treffend als »Thermo-balling« bezeichnet.
Bei der Orientalischen Hornisse, die zu den schlimmsten Imkereischädlingen gehört, greift diese Verteidigungsstrategie jedoch nicht, da diese Hornissenart extrem hitzeresistent ist. Die Bienen können zwar die Temperatur im »Verteidigungsknäuel« bis auf 44 °C hochheizen, um Orientalischen Hornissen aber mittels Hitzetod den Garaus zu machen, wären jedoch Temperaturen jenseits von 51 °C notwendig. Griechische Wissenschaftler haben jetzt herausgefunden, dass zypriotische Bienen eine neue Methode entwickelt haben, mit der auch den hitzeunempfindlichen Raubinsekten beizukommen ist: Sie umringen und bedrängen in den Bienenstock eingedrungene Hornissen und blockieren dadurch deren Atemöffnungen so lange, bis diese nach etwa 1 Stunde jämmerlich ersticken.

TIEFTAUCHER

Mit bis zu 3000 m ist der Pottwal in der Disziplin Tieftauchen einsamer Rekordhalter unter den Säugetieren. Die gigantischen Meeressäuger sind freilich dazu gezwungen, in diese unwirtlichen Tiefen vorzustoßen, wenn sie ihre Lieblingsbeute jagen wollen – den Riesenkalmar, den größten Tintenfisch der Welt, der nur in dieser Tiefe lebt. Aber wie schaffen es die grauen Riesen, bis zu 2 Stunden unter Wasser zu bleiben und dabei einem Wasserdruck von bis zu 300 Atmosphären – das entspricht einer Belastung von 300 kg/cm^2 – standzuhalten?
Von Menschen erzielte Tauchleistungen sind da im Vergleich eher bescheiden: So liegt der Weltrekord im Apnoe-Tauchen – also ohne Sauerstoffgerät – zur Zeit bei gerade mal 185 m.
Ein Mensch würde in 3000 m Tiefe zudem zerquetscht wer-

den, ein Pottwal dagegen kann dem enormen Wasserdruck standhalten, da er zum einen extrem kompakt gebaut ist und zum andern beim Tauchvorgang den Rauminhalt seiner Lungen auf 1/10 verringern kann, sodass der verbleibende gasgefüllte Hohlraum vergleichsweise gering ist. Der mitgeführte Sauerstoff wird deshalb auch nur zu einem geringen Teil in der Lunge gespeichert. Nahezu 80 % des Sauerstoffs lagern Pottwale im Blut und in der Muskulatur. Ein ganz wesentlichen Sauerstoffspeicher ist dabei der Muskelfarbstoff Myoglobin, der bei einem Wal nach dem Einatmen fast 10-mal so viel Sauerstoff wie bei einem Landsäugetier enthält. Um beim Tauchvorgang Sauerstoff zu sparen, wird der Herzschlag verlangsamt und nur die wichtigsten Organe wie Hirn und Herz werden mit Sauerstoff versorgt. Vor dem Auskühlen schützt die Pottwale ihre isolierend wirkende Fettschicht. Eine Speckdicke von 20 cm reicht für Tauchtiefen von 3000 m und mehr locker aus.

TIERISCHE BLÄTTER

Bei den »Wandelnden Blättern« ist der Name Programm. Diese zu den Gespenstschrecken zählenden Insekten, die in den Wäldern Südasiens zu Hause sind, sind echte Meister der Tarnung: Die nachtaktiven Tiere ahmen nämlich nicht allein durch ihr Äußeres Laubblätter nach, sondern sie bemühen sich zusätzlich, durch ein angepasstes Verhalten im Blattwerk des Regenwaldes so wenig wie möglich aufzufallen. Der blattförmige Körper der meist grün oder braun gefärbten Tarnkünstler ist stark abgeflacht und weist angedeutete Blattadern und einen Stiel auf – ganz wie ein richtiges Blatt. Einige Arten haben diese Art der Tarnung sogar nahezu perfektioniert: Sie

besitzen auch blattförmige Beine, und am Körperrand sind dunkle Flecken zu erkennen – ähnlich vertrockneten Stellen im Laub. Tagsüber verharren die Wandelnden Blätter nahezu bewegungslos an ihrem Platz und werden erst im Schutz der Dunkelheit aktiv. Droht Gefahr, imitieren die Insekten, die reine Pflanzenfresser sind, oft durch schaukelnde Bewegungen ein sich im Wind wiegendes Blatt. So werden mögliche Fressfeinde zusätzlich getäuscht.

Was Wissenschaftler als Blattmimese bezeichnen, ist im tierischen Kostümverleih recht beliebt. So sehen z. B. die im Amazonasgebiet relativ weit verbreiten Blattfische einem vermodernden Blatt täuschend ähnlich, wobei die stark verlängerte Unterlippe der räuberischen Fische, die auf den Betrachter wie ein abgebrochener Blattstiel wirkt, eine besonders raffinierte Tarnung darstellt. Die Verkleidung dient dem Nahrungserwerb, denn als nahezu perfekte Imitation eines abgefallenen Blattes lassen sich die Fische von der Strömung ruhig durch das Wasser treiben, um gut getarnt Jagd auf Beutefische zu machen.

TODESPROPHET

Der Kater Oscar, der im städtischen Altenpflegeheim von Providence im US-Bundestaat Rhodes Island zu Hause ist, besitzt eine unheimliche hellseherische Gabe: Er kann den Tod von Patienten vorhersagen. Nach Aussagen des medizinischen Personals dreht Oscar – ähnlich einem Arzt auf Visite – täglich seine Runden durch die Zimmer der Patienten und schnuppert dabei gewissenhaft an Betten und Personen. Spürt der ansonsten wenig menschenfreundliche Kater bei seiner Visite, dass der Tod eines Patienten näherrückt, legt er sich neben den Sterbenden und begleitet ihn in den Tod. Auf diese Weise hat der 2-jährige Kater bereits 25 Todesfälle exakt vorausgesagt, sodass das Pflegepersonal mittlerweile dazu übergangen ist, die Angehörigen zu verständigen, sobald sich Oscar zu einem Patienten legt, bedeutet dies doch in der Regel, dass dem Sterbenden weniger als 4 Stunden bleiben. Die Wissenschaft hat für Oscars hellseherische Fähigkeiten bisher noch keine befriedigende Erklärung gefunden.

TRAVESTIEKÜNSTLER

Jedes Jahr zwischen den Monaten Mai und September treffen sich vor der Küste der australischen Stadt Whyalla Tausende von Riesensepien zur Paarung. Da bei den Paarungstreffen dieser Tintenfische das Verhältnis Weibchen zu Männchen etwa

1 : 4 beträgt, kommen normalerweise nur die größten und stärksten Herren zum Zuge und bewachen ihre Weibchen auch eifersüchtig. Schwächlinge haben da normalerweise keine Chance. Aber Not macht erfinderisch – und damit auch sie sich fortpflanzen können, haben sich die etwas schwächlicheren Tintenfische einen genialen Trick einfallen lassen: Sie verkleiden sich als Weibchen, das heißt, sie nehmen die Färbung eines Weibchens an und verbergen ihren typisch männlichen Begattungsarm. So getarnt, schmuggeln sich die Transvestiten an dem Bewacher des von ihnen erwählten Weibchens vorbei, haben Sex mit ihm und verschwinden genauso unauffällig, wie sie gekommen sind. Einen Nachteil müssen die marinen Travestiekünstler jedoch in Kauf nehmen: Oft ist die Täuschung so perfekt, dass sich die schmächtigen Betrüger ihrerseits der sexuellen Avancen großer Männchen erwehren

müssen. Diesen unerwünschten Sexattacken entgehen sie in der Regel schnell durch einen raschen Farbwechsel und damit der »Rückverwandlung« in einen Mann.

TREUE-GEN

Amerikanische Wissenschaftler haben herausgefunden, dass 1 einziges Gen ausreicht, um aus notorischen Casanovas treue Ehemänner zu machen. Leider funktioniert das aber bisher nur bei Wühlmäusen. Äußerlich sind Wiesenwühlmäuse und Präriewühlmäuse kaum zu unterscheiden. In Sachen Sex sind die Unterschiede zwischen den beiden Arten jedoch gewaltig: Während Wiesenwühlmäuse der Polygamie frönen, sind Präriewühlmäuse ihren Partnerinnen ein Leben lang treu. Was aber haben die Präriewühlmäuse, was die Wiesenwühlmäuse nicht haben? Die Wissenschaftler fanden heraus, dass die Präriewühlmäuse in ihrem Gehirn wesentlich mehr Rezeptoren für das Hormon Vasopressin besitzen, das die Eigenschaft hat, die Paarbindung zu fördern. Aufgrund dieser Erkenntnis schleusten die Forscher die Erbinformation für den Vasopressin-Rezeptor der Präriewühlmäuse mittels eines Virus in das Gehirn der untreuen Wiesenwühlmäuse ein, mit der Folge, dass sich dort die Zahl der Vasopressin-Rezeptoren drastisch vermehrte und die so manipulierten Wiesenwühlmausmänner treu an ihrer Mäusedame festhalten.
Allerdings sollte man sich keine allzu großen Hoffnungen machen in naher Zukunft untreue Ehemänner via Gentransfer auf den Pfad der Tugend rückführen zu können, denn nach Studien von Wissenschaftlern der Universität Bern entfaltet das »Treue-Gen« seine Wirkung nicht überall: Es findet sich nämlich auch bei vielen polygam lebenden Mäusearten.

TURBOVERDAUUNG

Pythons sind dafür bekannt, dass sie ihre bis zu hirschgroße Beute im Ganzen verschlingen. Das Fressen und Verdauen eine solch riesigen Brockens bedeutet für Herz und Lunge der Riesenschlange Schwerstarbeit, verbraucht doch der Verdauungsvorgang selbst rund 40-mal mehr Sauerstoff als im Ruhezustand. Das entspricht der Stoffwechselleistung eines Rennpferdes in vollem Galopp. Doch während das Pferd eine solche Höchstleistung im Regelfall nur wenige Minuten erbringt, müssen die Pythons diesen Zustand bis zu 10 Tagen durchhalten. So aufwendig ist der Akt, dass die Hälfte der durch die Nahrung gewonnenen Kalorien alleine für den Verdauungsvorgang selbst benötigt wird. Und das Ganze muss auch noch schnell gehen. Ist die Beute nämlich nicht nach wenigen Tagen ganz verdaut, besteht die Gefahr, dass die Schlan-

ge an den entstandenen Verdauungsgasen zugrunde geht. Das Verdauungssystem eines Menschen wäre bei einer solchen Anforderung heillos überfordert. Wie also schaffen es die Riesenschlangen, ein oft gewaltiges Beutetier auf einen Schlag und so schnell zu verdauen?
Mit Hilfe von Röntgenbildern und Ultraschalluntersuchungen ist es deutschen Wissenschaftlern vor Kurzem gelungen, das Geheimnis der »Turboverdauung« zu lüften: Die Riesenschlangen vergrößern einfach Leber und Dünndarm auf das 3-Fache. Dabei kommen die Reptilien ohne Zellvermehrung aus, die Vergrößerung wird alleine durch erhöhten Blut- bzw. Lymphdruck in einer Art »Aufblaseffekt« bewirkt. Ist der Verdauungsvorgang abgeschlossen, werden die Organe wieder in den Ruhezustand heruntergefahren.

Unappetitliche Tarnung

Die Raupen eines unserer schönsten und größten Schmetterling, des Schwalbenschwanzes, haben gleich mehrere Tricks entwickelt, um sich vor Feinden zu schützen. Frisch geschlüpft, sind die Raupen zunächst schwarz mit einem weißen Fleck auf dem Rücken. Mit dieser Färbung sehen sie Vogelkot täuschend ähnlich und sind dadurch vor dem Appetit von Vögeln und anderen Fressfeinden gut geschützt. Wissenschaftler bezeichnen diese doch reichlich unappetitliche Tarnung etwas vornehmer als Vogelkot-Mimese. Nach ihrer ersten Häutung schützen sich die Raupen dann allerdings mit einer bunten Warntracht, die aus einer grünen Grundfärbung mit schwarzen, rot gepunkteten Querstreifen besteht. Zusätzlich stülpen die Raupen bei Gefahr eine orangefarbene Nackengabel aus und versprühen daraus ein übel riechendes Sekret, das unter anderem Buttersäure enthält, um Ameisen, Käfer und andere Raubinsekten auf Distanz zu halten. Bringt auch ein mehrmaliges Ausstülpen der Nackengabel keinen Erfolg, suchen die Larven ihr Heil in der Flucht.

UNTER DRUCK

Tiefseefische müssen einem gewaltigen Wasserdruck standhalten können. Weiß man doch, dass in 1000 m Tiefe ein Druck von 100 kg auf jedem Quadratzentimeter Körperoberfläche lastet. Ein »normaler« Fisch würde bei diesen Verhältnissen zu Brei gequetscht. Nicht so die Tiefseefische, die sich dem immensen Wasserdruck mit einem vergleichsweise simplen Kniff angepasst haben: Sie lagern einfach große Mengen Wasser, das nicht komprimierbar ist, in ihr Gewebe ein und können so selbst dem gewaltigen Druck, der in sehr großen Tiefen herrscht, standhalten. Auf gasgefüllte Körperhöhlen wie Schwimmblasen oder andere Auftriebskörper, die sehr schnell zusammengedrückt würden, müssen Tiefseebewohner allerdings verzichten.

UTERUSKANNIBALEN

Der Kampf ums Überleben wird in der Tierwelt oft mit harten Bandagen geführt. Bei Sandhaien beginnt er auch noch äußerst früh im Leben, denn bei dieser etwa 2 m großen, lebendgebärenden Haiart findet bereits im Mutterleib ein mörderischer Bruderkampf statt. Was Wissenschaftler bei diesen Haien nämlich etwas beschönigend als Embryophagie be-

zeichnen, ist nichts anderes als ein vorgeburtlicher Kannibalismus unter Geschwistern. Die zuerst im Uterus aus den Eiern geschlüpften Junghaie fressen nämlich, wenn sie ihren Dottervorrat aufgebraucht haben und ihnen keine andere Nahrung mehr zur Verfügung steht, ihre später geschlüpften und damit deutlich kleineren und schwächeren Geschwister auf. So bleiben am Ende von ursprünglich 20–25 Embryonen gerade mal 2 übrig. Mit rund 1 m Länge und 20 kg Gewicht sind die neugeborenen Haie übrigens für den Überlebenskampf außerhalb des Mutterleibes bestens gewappnet. Sandtiger, wie sie auch genannt werden, sind die einzigen Haie, bei denen dieser extrem ausgeprägte intrauterine Kannibalismus bekannt ist.

VATER ALS MÖRDER

Männliche Mäuse haben nicht gerade den Ruf vorbildliche Väter zu sein. Ganz im Gegenteil, wenn Mäuseriche in Kontakt mit neugeborenen Mäusekindern kommen, greifen sie diese oftmals an und versuchen sie zu töten. Lange Zeit ging die Wissenschaft davon aus, dass dieses aggressive väterliche Verhalten auf einen erhöhten Spiegel des männlichen Sexualhormons Testosteron zurückzuführen ist. Vor kurzem haben jedoch Amerikanische Wissenschaftler der Northwestern University herausgefunden, dass das „weibliche" Hormon Progesteron zumindest bei Mäusen dafür verantwortlich ist, dass aus freundlichen Papas richtige Killer werden. Die Forscher hatten zunächst männliche Mäuse genetisch so verändert, dass in den Zellen die Rezeptoren für Progesteron ausgeschaltet wurden, wodurch das weibliche Hormon, das normalerweise mit der weiblichen Fortpflanzung und mit mütterlichem Verhalten assoziiert wird, keine Wirkung zeigen konnte.

Das Ergebnis war erstaunlich: Die Mäuse mit den stillgelegten Rezeptoren zeigten nicht nur keinerlei Aggressionen gegenüber den Mäusebabys, sondern erwiesen sich sogar als fürsorgliche Väter. In der Kontrollgruppe, die aus genetisch nicht veränderten Mäusen bestand, töteten dagegen immerhin 74 Prozent der Mäuse ihre Kinder. Gegenüber der männlichen Konkurrenz legten, die Mäusemänner, bei denen die Progesteronrezeptoren ausgeschaltet worden waren, jedoch ein genauso aggressives Verhalten an den Tag, wie unbehandelte Mäusemännchen. Dieses Verhalten ist nämlich Testosteron-gesteuert. Dagegen scheint Progesteron eine Schlüsselrolle zu spielen, wenn männliche Säuger ihre Jungen töten.

VERWANDLUNGSKÜNSTLER

Was hätten Sie denn gern? Eine Seeschlange, einen Stachelrochen, eine Giftschnecke oder gar einen Rotfeuerfisch? Kein

Problem für den Mimic-Oktopus, denn der rund 60 cm große Krake kann durch Farb- und Formveränderungen mit Leichtigkeit die unterschiedlichsten Meerestiere perfekt imitieren. Dem Einfallsreichtum und dem schauspielerischen Talent des Tintenfischs scheinen keinerlei Grenzen gesetzt zu sein. Auf seine Kunst als Imitator gefährlicher Tiere ist der erst im Jahr 2002 entdeckte Krake allerdings auch dringend angewiesen, denn die sandigen Küsten Südostasiens, wo er zu Hause ist, bieten kaum Versteckmöglichkeiten vor Fressfeinden wie Raubfischen oder Delfinen.

Allerdings droht dem marinen Sensationsmimen seine überragende Schauspielkunst jetzt zum Verhängnis zu werden. Seit die ersten Bilder des manchmal auch als Karnevalstintenfisch bezeichneten Kraken über den Bildschirm flimmerten, werden nämlich regelrechte Hetzjagden auf den Mimic-Oktopus veranstaltet, boten doch Aquazoos, aber auch gut betuchte Hobbyaquarianer in der ganzen Welt riesige Summen, um ein Exemplar des sehr seltenen Meeresbewohner in ihren Besitz zu bringen. So ist die Zukunft des kleinen Verwandlungskünstlers nach Ansicht von Wissenschaftlern alles andere als rosig, wenn es nicht gelingt, durch geeignete Schutzmaßnahmen den Fang und Handel so schnell wie möglich zu unterbinden.

VISITENKARTE

Zugegeben, es ist keine Visitenkarte der besonders feinen Art, die die Männchen des amerikanischen Rotrückensalamanders abgeben, um die Damenwelt zu beeindrucken. Die Weibchen überprüfen nämlich die Leistungsfähigkeit eines potenziellen Liebhabers an Hand der Zusammensetzung seines Kotes. Die Salamandermänner, die in Erdhöhlen leben, setzen zu Beginn der Brutzeit vor ihrem Höhleneingang ein Kothäufchen ab, das von Weibchen, die sich auf der auf der Suche nach einem Bräutigam befinden, jederzeit inspiziert werden kann – eine Visitenkarte der besonderen Art eben.
Woran die Salamanderdamen erkennen, wer sich als guter Vererber eignet? Die kleinen Amphibien verzehren am liebsten Termiten, die nur eine dünne Haut haben und besonders proteinreich sind. Ameisen, die wegen ihrer harten, unverdaulichen Schale eine eher bescheidene Kost darstellen, werden dagegen nur gefressen, wenn keine hochwertigere Nahrung erbeutet werden konnte. Stößt ein in den Exkrementen möglicher Kandidaten schnüffelndes Weibchen im Kot auf viele harte Schalen, weiß es also, dass der Bewohner der Höhle kein sonderlich guter Jäger ist – und somit weder als Liebhaber noch als zukünftiger Vater in Frage kommt.

VORBILD AMEISE

Australische Wissenschaftler der Monash University in Melbourne haben vor Kurzem herausgefunden, dass Menschen von Ameisen eine Menge lernen können, wenn es darum geht, in Panik geratene Massen zu beruhigen. Die kleinen Krabbeltiere reagieren in solchen Stresssituationen nämlich wesentlich disziplinierter als wir Menschen. Während Menschen bei Massenevakuierungen von Gebäuden oder Fußballstadien panisch und oft blindlings den Ausgängen entgegenhasten und in ihrem Drang nach vermeintlicher Sicherheit dabei andere über den Haufen rennen, bilden Ameisen selbst unter größtem Stress noch disziplinierte Schlangen und halten sich an vorgegebene Wege. Sie bleiben also ruhig und gehen obendrein auch noch höflich miteinander um. Nach Ansicht der Wissenschaftler ist diese Stressfestigkeit der Ameisen nicht weiter verwunderlich, wenn man sie unter evolutionären Gesichtspunkten betrachtet. Schließlich haben Menschen erst seit ungefähr 2000 Jahren mit Staus und Fließmustern von Massen zu tun, während sich Ameisen damit schon seit Jahrmillionen auseinandersetzen müssen.

VORPROGRAMMIERTER SELBSTMORD

Die Männchen der Schwarz-gelben Wespenspinne erleiden einen Tod, den sich nach Umfrage eines bekannten Männermagazins viele Männer wünschen: Sie erleiden unmittelbar nach dem Sex einen Herzschlag und fallen tot um. Der plötzliche Tod ist bei ihnen jedoch nicht etwa auf eine Überanstrengung bei der Kopulation zurückzuführen, sondern genetisch programmiert. Forscher der kanadischen Concordia-Universität haben herausgefunden, dass es sich bei diesem plötzlichen Herztod nicht um eine verschwenderische Laune der Natur handelt, sondern dass der vorprogrammierte Selbstmord sogar im ureigensten Interesse des Männchens liegt, sichert er doch den verblichenen Spinnenherren das Weiterkommen ihrer Gene noch über den Tod hinaus. Nach ihrem Tod bleiben die Männchen nämlich mit ihren der Kopulation dienenden geschwollenen Tastorganen in der Geschlechtsöffnung des Weibchens stecken und versperren, sozusagen als »Ganzkörper-Keuschheitsgürtel«, sexhungrigen Konkurrenten den Zugang zum Ort ihrer Begierde. Erst nach etwa 15–20 Minuten heftiger Anstrengung gelingt es dem etwas pietätslosen Weibchen, das offenbar oft noch Lust auf Sex mit weiteren Spinnenherren verspürt, den teuren Verstorbenen zu entfernen. Viel zu spät für anderweitige Befruchtung, denn durch den »Opfertod« des Männchens gewinnen seine Spermien auf dem Weg zu den Eizellen des Weibchens einen uneinholbaren Zeitvorsprung gegenüber später kommenden Konkurrenten.

VULKANBRÜTER

Die auf der Insel Sulawesi lebenden Hammerhühner, die ihren Namen dem an einen Hammer erinnernden schwarzen helmartigen Kamm auf ihrem Kopf verdanken, betreiben keine aktive Brutpflege. Vielmehr überlassen sie den Brutvorgang vulkanischen Aktivitäten: Die ursprünglich in Australien beheimateten Vögel vergraben ihre recht großen Eier ganz gezielt an Stellen auf der vulkanreichen Insel, wo die vulkanisch bedingte Erdwärme ihnen das Ausbrüten abnimmt. Mit dieser cleveren Strategie sparen die zu den Großhühnern zählen-

den Vögel eine Menge Energie, die sie anderweitig einsetzen können.

WANDERARM

Das Papierboot, eine in den Meeren der Tropen vorkommende Tintenfischart, verdankt seinen Namen der Schale des Weibchens, die eine papierähnliche Struktur aufweist und dem Tier als Behausung und Schutz der Eier dient. Auch bezüglich der Körpergröße gibt es im wahrsten Sinne des Wortes riesige Unterschiede zwischen den Geschlechtern. Während die Weibchen inklusive Schale bis zu 45 cm groß werden, erreichen Männchen gerade mal 2 cm. In Sachen Sex haben sich die Männchen eine besonders raffinierte, aber auch äußerst lustfeindliche Art der Befruchtung einfallen lassen. Sie trennen einen speziellen »Begattungsarm« – Wissenschaftler sprechen von Hectocotylus – ab, der dann mitsamt dem Samen wegschwimmt und in der Lage ist, ganz selbstständig auch über größere Entfernung ein Weibchen zu finden und zu befruchten. In der Zwischenzeit kann sich der Papierboot-Mann Aufgaben widmen, die ihm offenbar wichtiger sind als »richtiger Sex«. An sich eine praktische Angelegenheit, diese Begattungsarme, aber der Lustgewinn für die Männchen dürfte sich bei dieser Art der »Fernbefruchtung« wirklich in Grenzen halten.

WASCHZWANG

Auch Affen können reinlich sein. So hat eine auf der japanischen Insel Koshima lebende Gruppe von Japanmakaken gelernt, Süßkartoffeln vor dem Verzehr stets zu waschen. Diese außergewöhnliche Prozedur der bei Verhaltensforschern wegen ihrer hohen Intelligenz und großen Lernfähigkeit als Studienobjekte begehrten Affen wird von älteren Tieren an die Nachkommen weitergegeben. Früher wuschen die Makaken ihre Kartoffeln übrigens mit Süßwasser, heute benutzen sie gerne Meerwasser, das spart auch gleich das Salzen.
Dagegen waschen Waschbären ihre Nahrung nicht, wie dies ihr Name eigentlich suggeriert. Die nachtaktiven Kleinbären tasten ihre Nahrung oder andere Gegenstände nur immer mit ihren sensiblen Vorderpfoten höchst sorgfältig von allen Seiten ab, um sie genau zu untersuchen. Und da diese Überprüfung oft in oder an Gewässern stattfindet, wurde diese Instinkthandlung früher irrtümlicherweise als Waschvorgang interpretiert.

WASSERSPRITZPISTOLE

Der im Brackwasser der südostasiatischen Küsten lebende Schützenfisch hat eine für Fische einmalige Jagdmethode entwickelt. Wie es sein Name bereits andeutet, ist der rund 20 cm große Fisch ein hervorragender Schütze: Mit einem scharfen Wasserstrahl vermag er nämlich Insekten wie z.B. Heuschrecken oder Ameisen, die sich auf über dem Wasser hängenden Zweigen der Ufervegetation niedergelassen haben, regelrecht abzuschießen. Dazu stellt er sich zunächst im Wasser steil auf und bildet aus Gaumendach und Zunge eine Art »Kanonenrohr«, durch das er durch Zusammenpressen der Kiemendeckel Wasser presst. Und auch bei Schützenfischen macht Übung offensichtlich den Meister, denn Wissenschaftler haben festgestellt, dass ein Fisch umso treffsicherer wird, je größer und routinierter er ist. Bei erfahrenen Schützen sind Zielgenauigkeit und Wasserdruck der körpereigenen Wasserspritzpistole so gut entwickelt, dass z.B. eine Heuschrecke noch aus 4 m Entfernung vom Ast geschossen werden kann. Anschließend lässt der Schützenfisch sich die hilflos auf der Wasseroberfläche treibenden Beuteinsekten dann in aller Ruhe munden.

WELTREKORDHAUT

Haie gehören zweifellos zu den schnellsten Schwimmern im Tierreich. Ein Tübinger Paläontologe hat Ende der 1970er-Jahre mit Hilfe eines Elektronenmikroskops herausgefunden, warum das so ist: Die Raubfische haben winzige im Strömungsverlauf angeordnete Rillen auf den Schuppen, die die Querströmung herabsetzen und so erstaunlicherweise die Reibung des Hais am Wasser vermindern. Zuvor war man von der These ausgegangen, dass umso weniger Reibung auftritt, je glatter eine Oberfläche ist. Die Erkenntnis von der »schnellen« Haihaut versucht man schon seit Längerem in einer noch jungen Wissenschaftsdisziplin, der Bionik (ein Kunstwort, gebildet aus »Biologie« und »Technik«), für den technischen Fortschritt nutzbar zu machen. So entwickelte die Deutsche Forschungsanstalt für Luft und Raumfahrt eine sogenannte Haihaut-Folie, die auf Flugzeuge aufgeklebt helfen sollte, Treibstoff zu sparen. Erste Tests ergaben, dass durch diese Maßnahme tatsächlich bis zu 6 % Sprit eingespart werden kann. Auf ein ganzes Jahr hochgerechnet, könnte ein einziges mit »Haihaut« ausgestattetes Flugzeug also bis zu 200 Tonnen Kerosin weniger verbrauchen. Noch lohnt sich das Verfahren jedoch offenbar nicht, da das Aufbringen der Folie sehr aufwendig ist. Und weil sie bei jeder Inspektion wieder entfernt und anschließend neu aufklebt werden müsste, entstünden enorme Kosten, die den Gewinn aus der Treibstoffersparnis wieder auffressen würden.

Im Jahr 2000 brachte eine deutsche Firma Ganzkörper-Schwimmanzüge mit Haihauteffekt auf den Markt, die vor allem Kraul- und Delfinschwimmern höhere Geschwindigkeiten ermöglichen sollten. Bei der Olympiade in Sydney im gleichen Jahr setzten dann fast alle Athleten auf diese Schwimmanzüge, und fast zwangsläufig fiel im olympischen Schwimmbecken ein Weltrekord nach dem andern.

ZAUBERTRICK

Seehasen, bei denen es sich nicht etwa um marine Vettern von Meister Lampe, sondern um riesige Meeresnacktschnecken handelt, verdanken ihren außergewöhnlichen Namen den hinteren Tentakeln, die – allerdings nur mit viel Fantasie – an Hasenohren erinnern. Um Fressfeinde von sich abzulenken, haben sich diese Tiere einen raffinierten Zaubertrick ausgedacht: Sie betätigen sich nämlich als Illusionisten und machen gefährlichen Gegnern Appetit auf eine Beute, die es gar nicht gibt. Wie das funktioniert? Bei Gefahr gibt die Nacktschnecke neben einer Wolke aus Tinte auch ein schmieriges, milchiges Sekret ab, das größere Mengen der Aminosäuren Taurin sowie Histidin und Lysin enthält – für hungrige Krebse wie etwa Langusten, ein untrügliches Signal für Futter. Dieser chemische Trick gaukelt den Sinnesorganen des Angreifers einen vermeintlichen Leckerbissen vor. So schnappt der verwirrte Angreifer in der trüben Wolke blind und natürlich vergeblich nach einer kulinarischen Illusion, während der Seehase die nötige Zeit gewinnt, um in aller Ruhe das Weite zu suchen.

ZEITGEMÄSS

Offensichtlich gehen auch Vögel mit der Zeit, denn Vogelexperten haben beobachtet, dass einige Arten in den letzten Jahren Imitationen von von Menschen verursachten Geräuschen in ihre Balz- und Territorialgesänge einbauen. Gern genommen werden Töne wie Hupen oder das Quietschen von Bremsen – und seit Neuestem auch Klingeltöne von Handys. Besonders gute Imitatoren sind Dohle, Star und Eichelhäher, deren Darbietungen mittlerweile so exzellent sind, dass selbst erfahrene Ornithologen der akustischen Täuschung erliegen. Allerdings werden von den gefiederten Sängern bisher nur einfache Klingeltöne nachgeahmt, komplexere Tonfolgen wie z.B. elektrische Musik oder gar Discosongs können Eichel-

häher & Co. dagegen (noch) nicht imitieren. Den Grund für die Klingeltonimitationen sehen Naturschützer in der Tatsache, dass auch normalerweise scheue Waldvögel inzwischen wegen der besseren Nahrungssituation vermehrt in die Städte ziehen, die zudem durch die aufgelockerte Bauweise auch wieder mehr Grünflächen bieten.

ZIELSPUCKEN

Die zur Familie der Giftnattern gehörenden Speikobras haben, wie bereits ihr Name verrät, eine ganz andere Art der Verteidigung entwickelt als normale Giftschlangen: Sie spucken Gift. Die etwa 2 m langen Schlangen zielen dabei stets auf die Augen ihrer Gegner und treffen diese aus bis zu 3 m Entfernung mit bemerkenswerter Sicherheit. So fanden Wissenschaftler der Universität Bonn heraus, dass Schwarzhals-Speikobras in 80 % der Fälle zumindest ein Auge trafen und die nahe verwandten Roten Mosambikspeikobras sogar eine 100 %-ige Trefferquote aufweisen. Der Spuckvorgang selbst, bei dem die Schlange das Gift mit hohem Druck durch einen feinen Kanal in ihren Giftzähnen spritzt, dauert gerade mal 1/20 Sekunde. Der Giftcocktail, der nicht nur diverse Nervengifte, sondern auch gewebsschädigende Substanzen enthält, verursacht auf der Gesichtshaut nur begrenzten Schaden, ruft bei Augentreffern jedoch starke Verätzungen der Hornhaut hervor, die äußerst schmerzhaft sind und zur Erblindung führen können. Übrigens: Gerade erst frisch aus dem Ei geschlüpfte Speikobras können bereits gezielt Gift spucken.

ZUSATZSINN

Offensichtlich haben Tiere einen »sechsten Sinn« für Katastrophen, denn erstaunlicherweise fielen nach Aussagen von Experten der verheerenden Flutkatastrophe, die im Dezember 2004 in Südostasien wahrscheinlich mehr als 250.000 Menschen das Leben kostete, nur wenige Tiere zum Opfer. So wurden z. B. im Yala-Nationalpark in Sri Lanka die Leichen von mehreren hundert Menschen gefunden, wohingegen Tierkadaver völlig fehlten – obwohl das Reservat etliche Krokodile, Wildschweine, Wasserbüffel, Affen und Elefanten beherbergt. Die Tiere hatten sich offensichtlich rechtzeitig ins Landesinnere oder auf ausreichend hoch gelegene Stellen zurückgezogen. Bei anderen Tieren wie etwa Arbeitselefanten wurde einige Zeit vor Eintreffen des Tsunami auffälliges Verhalten beobachtet. Wissenschaftler vermuten, dass die Tiere die Schallwellen und Vibrationen der über den Meeresboden rasenden Schockwelle wahrnehmen konnten.
Schon seit dem Altertum ist bekannt, dass Tiere auf kommende Erdbeben sensibel reagieren. So deutete bereits der römische Schriftsteller Plinius der Ältere unruhige Vögel als ein Erdbebenvorzeichen, und Alexander von Humboldt berichtete 1797, dass die Tiere in der Stadt Cumana in Venezuela völlig verrückt spielten, bevor dort die Erde bebte. Aus Japan ist bekannt, dass es vor allem in Erdlöchern lebende Tiere wie Schlangen und Ratten sind, die bevorstehende Erdbeben quasi vorausahnen. Zoologen versuchen jetzt genauer herauszufinden, wie Tiere den Tsunami lange vor Eintreffen der ersten Riesenwelle wahrnehmen konnten, um diese Fähigkeiten in Zukunft für ein Frühwarnsystem nutzen zu können.

ZWANGSARBEIT

Es ist schon seit Langem bekannt, dass Ameisen Blattläuse ähnlich nutzen wie Menschen Milchkühe. Blattläuse verbrauchen nur rund 10% der Kohlenhydrate, die sie durch Saugen an Pflanzen aufgenommen haben; der Überschuss wird als zuckerreicher »Honigtau« ausgeschieden, den wiederum die Ameisen als Delikatesse betrachten. Die Läuse werden daher von den Ameisen durch Beklopfen mit den Fühlern regelrecht »gemolken«, bis sie ihren süßen Saft abgeben. Im Gegenzug schützen die Ameisen die Blattläuse vor deren ärgsten Feinden, den Marienkäfern: Nähert sich ein Marienkäfer nämlich seiner Lieblingsspeise, einer so richtig schön vollgesogenen Blattlaus, wird er meist gleich von mehreren Ameisen mit wütenden Bissen vertrieben.

Englische Forscher haben nun jedoch herausgefunden, dass dieses symbiotische Verhältnis für die Blattläuse mit wesentlich mehr Nachteilen verbunden ist als bisher angenommen, und dass die kleinen Pflanzenschädlinge daher eher als Zwangsarbeiter denn als gleichberechtigte Partner zu betrachten sind. Die Ameisen greifen nämlich bedenkenlos zur chemischen Keule, um aus den Blattläusen gefügige Haustiere zu machen. Dazu geben sie aus Drüsen an den Beinen eine wie ein Beruhigungsmittel wirkende Substanz ab, die dafür sorgt, dass die Blattläuse ihre Bewegungen stark verlangsamen und so besser unter Kontrolle zu halten sind. Manchmal greifen die Ameisen sogar noch zu weit drastischeren Methoden. Um ihre Zwangsarbeiter an der Flucht zu hindern, beißen sie ihrem »Nutzvieh« einfach die Flügel ab oder geben – eine weniger blutrünstige Methode – bestimmte Stoffe ab, die das Flügelwachstum der Blattläuse hemmen.

ZWEITSPRACHE

US-Forscher haben herausgefunden, dass sich bei nordamerikanische Singvögeln der Trend zur Zweitsprache lohnt. Kanadakleiber verstehen nämlich durchaus die Rufe, mit denen Schwarzkopfmeisen ihre Artgenossen vor Feinden warnen. Die Kleiber haben sogar gelernt, die Warnrufe auch im Detail korrekt zu interpretieren: Schwarzkopfmeisen haben nämlich 2 verschiedene Warnrufe: Nähert sich ein Raubvogel aus der Luft, warnt die Meise mit einen weichen, hohen »Siet«, kommt die Bedrohung jedoch von einem Bodentier, versuchen die kleinen Vögel, mit einem lauten »Tschick-a-di-di-di« Artgenossen anzulocken, um den Angreifer gemeinsam in die Flucht zu schlagen. Und da auch die Kleiber diese komplexen Informationen aus den Rufen der Meisen durchaus richtig deuten, leiten sie ihrerseits jeweils die entsprechende Vermeidungsstrategie ein. So können – zumindest in der Vogelwelt – Fremdsprachenkenntnisse buchstäblich lebensrettend sein.

Bibliographische Information der Deutschen Bibliothek

Die Deutsche Bibliothek verzeichnet diese Publikation in der Deutschen Nationalbibliographie; detaillierte bibliographische Daten sind im Internet über http://dnb.ddb.de abrufbar.

BLV Buchverlag GmbH & Co. KG
80797 München

Umschlaggestaltung: Anja Masuch, Fürstenfeldbruck
Umschlagillustration: Jan Gulbransson

Lektorat: Dr. Friedrich Kogel, Dr. Eva Dempewolf
Herstellung: Hermann Maxant
Layoutkonzept Innenteil: fuchs_design, München
Layout und Satz: Uhl & Massopust, Aalen

Gedruckt auf chlorfrei gebleichtem Papier

Printed in Germany · ISBN 978-3-8354-0358-1